Horst Kleinert

Operation Lazarus

Erzählungen

HORST KLEINERT

Operation Lazarus

Erzählungen

THURM

Die Deutsche Nationalbibliothek verzeichnet diese Publikation in der Deutschen Nationalbibliografie. Detaillierte bibliografische Daten sind unter *http:/dnb.ddb.de* abrufbar.

www.thurm-verlag.de

Cover: Shutterstock

Print ISBN 978-3-945216-41-5
E-Book ISBN 978-3-945216-42-2

INHALT

OPERATION LAZARUS

Jesus aber sprach: Lazarus, komm heraus aus deinem Grab! Und der Verstorbene kam heraus und ging davon.

Johannes 11, 1-45

I

Als der Kerl meine Autowerkstatt betrat, sah ich sofort, dass es einer dieser üblen Burschen war, mit denen es immer Ärger gibt. Große Klappe und auf Krawall gebürstet. Ich kannte diese Typen. In zwei Jahren Knast hatte ich gelernt, die Angeber von den wirklich gefährlichen Jungs zu unterscheiden. Der, der jetzt vor mir stand, gehörte mit seinen gegelten Haaren, dem Pferdeschwänzchen und dem dümmlich-arroganten Gesichtsausdruck zu den Blendern.

Notgedrungen beendete ich meine Frühstückspause. Auf meinem Laptop hatte ich mir gerade einen Bericht über die Krönung von Prinz Charles zum König von England angesehen. Was für eine Show! Ich klappte den

PC zu, blickte den Besucher an und fragte, was ich für ihn tun könne.

„Marco würde gern deine Hilfe in Anspruch nehmen, Chef", sagte er und ließ dabei sein goldenes Dunhill-Feuerzeug auf- und zuschnappen.

„Schön. Und wer soll dieser Marco sein?"

Natürlich wusste ich, wer Marco war. Er hatte mich damals im Duschraum von Block sieben vor einer Attacke der Zwillinge bewahrt, eines Pärchens, das immer auf der Suche nach Frischfleisch war, wie man in Tegel zu sagen pflegt. Ich hätte keine Chance gehabt. Ich bin zwar nicht gerade klein, aber eher ein Leichtgewicht. Wir wurden sogar so etwas wie Buddies. Ich aus Dankbarkeit, er wohl eher aus Berechnung. Im Knast muss jede Gefälligkeit früher oder später bezahlt werden, und Marco gefiel es, wenn jemand in seiner Schuld stand.

Das war drei Jahre her. Kurz danach wurde ich auf Bewährung entlassen; Marco hatte noch zwei Jahre mehr abzusitzen. Er war einer von den gefährlichen Jungs. Bewaffneter Raubüberfall, sieben Jahre.

Es machte keinen Sinn, weiter den Ahnungslosen zu spielen.

„Meinen Sie Marco, den Kroaten? Ist der frei?" Ich bemühte mich, höflich zu sein.

„Ja, du Schlauberger. Sonst wäre ich ja nicht hier."

Marco wusste, dass ich ein exzellenter Autofahrer bin, denn mir war es gelungen, die Polizei vor meiner Verhaftung bei der Verfolgungsjagd quer durch Brandenburg abzuschütteln. Erst vor Dessau musste ich aufgeben; mein Tank war leer. Obwohl ich lediglich ein Kurier war, und das nur einmal, bekam ich drei Jahre aufgebrummt. Das Gericht nahm mir nicht ab, dass ich mit der Tat selbst, Anabolikaschmuggel im großen Stil, nichts zu tun hatte. Nach zwei Jahren wurde ich vorzeitig entlassen - mit der Auflage, mich jede Woche bei Stefan Kling, meinem Bewährungshelfer, zu melden. Stefan war ungefähr in meinem Alter, und ich verstand mich mit ihm auf Anhieb gut. Er vertraute mir und räumte für mich so manchen bürokratischen Stein aus dem Weg. Auch nachdem meine Bewährungszeit abgelaufen war, blieb Stefan mir freundschaftlich verbunden. Sicher nicht nur, weil ich seinen Oldtimer, er fuhr eine dreißig Jahre alte Corvette, immer wieder zum Laufen bringen konnte.

Ich ahnte, was Marco von mir wollte. Er brauchte für irgendeinen Coup einen zuverlässigen Fahrer.

Der Kerl nahm das gerahmte Bild, das auf meinem Schreibtisch stand, in seine Hände und lächelte. Es war ein Foto von unserem Campingurlaub im letzten Jahr auf Rügen. Mein Lieblingsbild. Steffi, meine Tochter, sah darauf aus wie ein blondgelockter Engel. Und Bianca wie ihre große Schwester. Zierlich und sanft. Dabei war sie von uns beiden die Taffere.

„Hübsch, deine Frau. Wie alt ist das Mädchen, acht?"

„Sieben", sagte ich. Im selben Moment ärgerte ich mich, dass ich ihm spontan geantwortet hatte.

Bianca und Steffi waren für mich das Wichtigste in meinem Leben. Meine Frau hatte dem Druck ihrer Eltern widerstanden, sich von mir scheiden zu lassen, als ich verurteilt worden war. Für ihren Vater, einem hohen Tier im Wirtschaftsministerium, war es unerträglich, seine Tochter mit einem Kriminellen verheiratet zu sehen. Seitdem herrschte Funkstille zwischen Bianca und ihren Eltern.

Bis heute verstehe ich es selbst nicht, wie ich mich dazu hinreißen lassen konnte, den Fahrer für die Anabolikamafia zu spielen. Manchmal konnte ich ziemlich naiv sein, und Nein zu sagen, fiel mir schon immer schwer. Natürlich hatte ich auch dringend Geld gebraucht.

Als es mit der letzten Welle der Coronapandemie losging, verlor ich meinen Job als Fuhrparkleiter einer Messegesellschaft. Danach fuhr ich eine Zeitlang Taxe, aber das brachte wenig ein. Ich wollte nicht, dass unsere junge Familie - Steffi war noch ein Baby - allein von Biancas schmalem Gehalt als Chemielobarantin leben musste, und so war ich in die Sache reingerutscht. Bianca hatte davon nichts gewusst und fiel aus allen Wolken. Dass sie dennoch zu mir gehalten hat, rettete mein Leben. Ich glaube, ich wäre sonst endgültig unter die Räder gekommen.

„Sei heute abend um sieben im Belmont. Ich rate dir, Marco nicht warten zu lassen", sagte der Kerl, stellte das Foto zurück und verschwand. Mir war klar, dass ich das Treffen besser nicht platzen lassen sollte.

Das Belmont ist ein sündhaft teures Restaurant in der Berliner City; Promis aus Kultur, Wirtschaft und Politik gehen dort ein und aus. Nicht gerade ein Treffpunkt für ehemalige Knastis, dachte ich.

Ich fuhr nach Hause, um meine ölbeschmierten Werkstattklamotten loszuwerden, und war froh, dass Bianca heute länger arbeiten wollte. Auf diese Weise entging ich unangenehmen Fragen.

Im Belmont herrschte Hochbetrieb. Marco saß an einem kleinen Tisch und genoss den Rest von seinem Cordon bleu, der Spezialität des Lokals. Er wischte sich mit der Serviette den Mund ab und blickte mich lächelnd an.

„Schön, dich zu sehen. Paul. Du hast etwas zugenommen. Steht dir gut."

„Danke Marco", sagte ich in einem Ton, der reserviert klingen sollte. Ich setzte mich zu ihm und ließ mir vom Ober ein Bier bringen. Marco trug einen dunklen Anzug mit Krawatte. Er hatte wohl zu viele Travolta-Filme gesehen und mimte jetzt den Edelgangster

„Du solltest auch das Cordon bleu bestellen, Paul. Es ist exzellent. Ich esse es hier jeden Freitag."

Dieser Angeber. Dabei konnte er noch nicht einmal richtig mit Messer und Gabel umgehen.

„Meine Preisklasse sind eher Currywürste. Dass meine Werkstatt keine Goldgrube ist, hast du ja sicher schon herausgefunden."

„Genau darüber möchte ich mit dir sprechen, Paul."

Marco kostete seinen Rotwein und blickte das Glas mit Kennermine wohlgefällig an.

„Komm zur Sache, Marco. Was willst du von mir?"

„Was ich von dir will? Nun, du weißt, dass du deinem alten Kumpel noch einen Gefallen schuldest.

Deine Aufgabe ist einfach. Ich will es kurz machen: Wir stellen dir ab und zu eine Limousine in die Werkstatt, du spritzt sie um, montierst neue Kennzeichen, und dann fährst du das Auto nach Frankfurt. Frankfurt an der Oder. Dort parkst du es in der Tiefgarage am Rathausplatz. Das ist alles."

Marco war anzumerken, dass er keinen Widerspruch duldete. Für jeden Wagen würde ich eintausend Euro und für die Überführung noch einmal tausend bekommen. Eigentlich nicht schlecht für einen Tag Arbeit und eine Spazierfahrt nach Frankfurt, insbesondere wenn man sich wie ich von Monat zu Monat finanziell durchhangeln musste. Die Hinterhofwerkstatt hatte ich nach meiner Entlassung sehr günstig angeboten bekommen und sofort zugegriffen. Bianca war damit einverstanden, und Stefan Kling hatte dafür gesorgt, dass ich einen Gründungskredit bekam. Ohne seinen guten Bekannten, der bei einer Bank arbeitete, hätte das niemals geklappt. Gott sei Dank hatte ich das Darlehen tilgen können. Knapp bei Kasse war ich aber immer noch. Doch mit Autoschieberei wollte ich nichts zu tun haben; die zwei Jahre in der Zelle hatten mir gereicht. Bevor ich ablehnen konnte, sagte Marco etwas, was mir einen Stich versetzte:

„Auch deine Frau würde sich sicher über ein wenig mehr Geld in eurer Haushaltskasse freuen. Töchter sind heutzutage teuer."

Marco wusste wahrscheinlich gar nicht, wie recht er damit hatte. Steffi litt seit ihrer Geburt an Asthma, das wir statt mit Kortison jetzt mit Mitteln der alternativen Medizin zu bekämpfen versuchten. Die Therapie schien zu wirken - die Schübe wurden seltener -, verschlang aber jeden Monat einen dreistelligen Betrag.

Marcos Bemerkung klang in meinen Ohren wie eine Drohung und in mir stieg Panik hoch. Ich musste unbedingt meine Familie schützen. Und so beging ich den Fehler, ihm nicht sofort abzusagen. Was hätte er denn schon machen können? Etwa Bianca oder Steffi etwas antun? So dumm wäre Marco sicher nicht. Er würde sich einfach einen anderen Komplizen suchen und mir schlimmstenfalls eine Abreibung verpassen lassen. Aber das ging mir erst hinterher durch den Kopf.

Ich befand mich in einer Zwickmühle. Willigte ich ein, könnte mir wieder der Knast blühen. Weigerte ich mich, würde er meine Familie bedrohen. Wie sollte ich da aus der Geschichte herauskommen?

Marco nahm wieder einen Schluck aus seinem Weinglas und prostete mir zu. Er war sich sicher, dass ich mitmachen würde.

„Übermorgen geht es los. Du bekommst dann einen BMW 8er Coupé. Sei schön vorsichtig mit dem Wagen. Der ist fast nagelneu, Baujahr 2025."

Er rief nach dem Ober. Für ihn schien das Gespräch damit beendet zu sein. Nicht aber für mich.

„Gut, Marco. Um unserer alten Freundschaft willen werde ich den BMW umspritzen und nach Frankfurt bringen. Aber dann sind wir quitt."

Ich war überrascht, dass er damit einverstanden war.

„Okay, Paul. Also bis übermorgen."

Ich trank mein Bier aus und verließ das Lokal.

Bereits beim Hinausgehen ahnte ich, dass die Angelegenheit übermorgen keinesfalls beendet sein würde. Verdammt, dachte ich, ich werde mir meine Hoffnung auf ein besseres Leben nicht zerstören lassen.

In den letzten drei Jahren hatte ich mich abgemüht, aus der heruntergekommenen Kfz-Bude etwas Vernünftiges zu machen. An Arbeit mangelte es nicht, nur litten viele meiner Kunden mit ihren alten Verbrennern unter chronischer Geldnot. Die meisten Leute fuhren ja seit Mitte der Zwanziger E-Autos, und bei denen gab es kaum etwas zu reparieren.

Viele elektronische Prüf- und Messgeräte brauchte ich für Diagnosen nicht. Wenn ein Motor lief, hörte ich sofort, was los war. Ich war ein Schrauber, keiner von diesern Kfz-Experten im weißen Kittel: Festgerostete Felgen auf der Nabe, Kolben austauschen oder abgerissene Entlüfterventile? Alles kein Problem. Mit Kabelbindern, Panzertape und ein paar neuen Teilen hatte ich bislang fast jede Karre wieder zum Laufen und durch den TÜV bringen können. Autos flottmachen und Autos fahren konnte ich am Besten. Darin war ich richtig gut.

Mein Talent für die Lösung kniffliger technischer Probleme habe ich wohl von meinem Vater geerbt, einem Bauingenieur. Er war ziemlich verschlossen, und ich wollte nie so werden wie er. Doch auch mir fällt es bis heute schwer, mich anderen Menschen zu öffnen.

Nach der Scheidung meiner Eltern wuchs ich bei meiner Mutter auf und nach ihrem frühen Tod bei einer

Tante. Es ging mir bei ihr sehr gut; sie ließ mir alle Freiheiten. Mit sechzehn verließ ich die Schule und begann eine Lehre als Kfz-Mechaniker und machte sogar noch meinen Meister.

Aber dann kam das verdammte Virus und warf mich beruflich aus der Bahn.

Bianca blickte mich erstaunt an. Sie war es zwar gewohnt, dass ich oft später nach Hause kam, nicht aber, mich an einem normalen Wochentag in meinem Anzug zu sehen.

„Hattest du ein Rendezvous, Schatz?"

„Ja, so ungefähr, ein Treffen mit einem schwerreichen Kunden. Der hatte mich ins Belmont eingeladen. Ich soll seinen BMW aufpeppen."

Mit „Schatz" redete sie mich immer an, wenn sie mir eine klare Ansage machen wollte oder von mir eine eindeutige Antwort erwartete. Sie war nicht eifersüchtig und vertraute mir, meinte aber, mich vor den Schatten meiner Vergangenheit schützen zu müssen.

„Na, endlich mal ein Kunde, der Geld genug hat, dich auch ordentlich zu bezahlen. Solche Aufträge könnten öfter kommen, nicht wahr?", sagte sie lächelnd.

Ich hoffe nicht, dachte ich. Noch mehr solcher Aufträge und ich würde wieder im Gefängnis landen.

Bianca strich mir über die Haare und gab mir einen zarten Kuss auf die Wange.

„Ich bin stolz auf dich, Paul."

Ich war es nicht. Ich hatte mir geschworen, sie niemals anzulügen. Gut, dass hatte ich auch nicht gemacht. Oder doch? Meine Erklärung war ja nur die halbe Wahrheit gewesen.

II

Es war noch dunkel, als ich mich mit dem jetzt tintenblauen BMW auf den Weg nach Frankfurt machte. Ich achtete darauf, alle Geschwindigkeitsbegrenzungen penibel einzuhalten; ich durfte nicht auffallen. Dass ich das Geschoss nicht richtig austesten zu konnte, tat mir in der Seele weh. Die Kraft der sechshundert PS unter mir war dennoch zu spüren.

Mein Honorar würde gerade einmal für ein paar überfällige Rechnungen reichen, dennoch beschloss ich, Bianca und Steffi am nächsten Wochenende mit einem Ausflug in den Spreewald zu überraschen, natürlich mit Picknick, Kahnfahrt und einer Übernachtung in einem Gasthof. Beide liebten es, in der Natur zu sein. Ich wollte ihnen eine Freude bereiten. Oder war es mein schlechtes Gewissen, das da schlug?

In Frankfurt steuerte ich die Tiefgarage an, parkte wie vereinbart im Untergeschoss und verließ das Auto. Im selben Moment bekam ich einen heftigen Schlag auf meinen Hinterkopf und verlor das Bewusstsein …

„Was ist mit ihnen? Soll ich die Feuerwehr rufen?“ Die Stimme, die wie durch einen dichten Nebel an mein Ohr drang, ließ mich aus meiner Ohnmacht erwachen. Mein Kopf schmerzte höllisch. Ich betastete meinen Hinterkopf, spürte aber kein Blut. Der ältere Herr, der sich über mich beugte, blickte mich besorgt an. Ich schüttelte den Kopf; mir ging es bereits etwas besser.

„Nein, danke. Das ist nicht nötig. Ich bin nur ohnmächtig geworden. Das passiert mir leider öfter. Mein Kreislauf, verstehen Sie?"

„Ja, das kenne ich. Ich helfe Ihnen auf und bringe Sie zur Wand. Dort können Sie sich setzen und anlehnen, bis es Ihnen wieder besser geht."

Der Mann schien erleichtert zu sein, sich davon machen zu können. Von meinem Platz an der Wand aus sah ich, wie er in sein Auto stieg und wegfuhr. Noch etwas wacklig auf den Beinen erhob ich mich und blickte mich um. Bis auf ein paar Autos war das Parkdeck leer - und der BMW weg.

Kurz bevor ich bewusstlos geworden war, hatte, ich noch eine tiefe Stimme gehört. Verstehen konnte ich nichts, der Mann sprach Polnisch oder Russisch. An dem Überfall waren also zwei Personen beteiligt gewesen, eine schlug mich von hinten nieder, die andere hatte wohl Schmiere gestanden. Die beiden mussten mir aufgelauert haben. Sie hatten gewusst, dass ich das Auto heute morgen hier abstellen würde. Doch woher?

Jedenfalls war die Sache gründlich schief gelaufen. Ich hatte sie durch meine Unvorsichtigkeit vermasselt. So würde es Marco sehen und damit nicht ganz Unrecht haben. Inzwischen war das Auto sicher schon in Richtung Warschau oder Kiew unterwegs. Sollte ich zur Polizei gehen, um den Überfall anzuzeigen? Würde sie den BMW tatsächlich finden, käme sie schnell dahinter, dass es sich um ein gestohlenes Auto handelte. Der

Diebstahl einer geklauten Limousine – das entbehrte nicht einer gewissenen Komik. Doch mir war nicht zum Schmunzeln zumute. Ich wusste, dass es in Berlin für mich sehr unangenehm werden würde.

In Frankfurt konnte ich nichts mehr tun, und Marcos Handynummer hatte ich nicht. Also machte ich mich auf den Weg zum Bahnhof. In einer Apotheke kaufte ich eine Packung Aspirin und schluckte mehrere Tabletten gleich im Laden. In meinem Kopf dröhnte es noch immer wie in einer Eisenschmiede.

Zwei Stunden später war ich wieder in meiner Werkstatt. Die Kopfschmerzen hatten nachgelassen, dafür machte sich in meinem Magen ein flaues Gefühl breit. Selbst der doppelte Cognac half nicht. Ich konnte jetzt nichts weiter tun, als zu warten.

Sie kamen zu dritt. Marco verschloss die Tür hinter sich und rückte mit seinen beiden Begleitern dicht an mich heran. Der eine war ein bulliger Vollbartträger, der andere dieser schmierige Typ, dessen Bekanntschaft ich schon gemacht hatte. Zur Begrüßung bekam ich von ihm einen Faustschlag versetzt, der mich in meinen Schreibtischstuhl plumpsen ließ. Die Eisenschmiede in meinem Kopf nahm ihre Tätigkeit wieder auf.

Marco erhob beschwichtigend die Arme.

„Langsam Jungs. Wir wollen doch erst einmal hören, was Paul uns zu sagen hat."

Er sah mich ein paar Sekunden wortlos an. Sein eisiger Blick verriet mir, dass ich nichts Gutes zu erwarten hatte.

„Nun Paul, wo ist der Wagen? Hast du ihn selbst verscherbelt oder in Frankfurt das Parkhaus nicht gefunden?“

Ich berichtete von dem Überfall, sah aber, dass Marco mir kein Wort glaubte.

Ich versuchte, an seine Eitelkeit zu appellieren:

„Marco, du bist eine große Nummer. Ich bin doch nicht so verrückt, dich zu hintergehen. Du würdest mich doch überall auf der Welt finden.“

Meine Schmeichelei wirkte:

„Okay, Paul. Ich will dir glauben. Du hast dich äußerst dämlich verhalten. Du kannst das nur wieder gut machen, wenn du mir das Auto zurückbringst. Ich gebe dir dafür drei Tage Zeit. Wahrscheinlich ist der BMW noch in Slubice.“

Marco zeigte auf den bulligen Kerl neben ihm.

„Jaro wird dich nach Slubice begleiten. Er kennt sich in der polnischen Autoschieberszene gut aus und wird aufpassen, dass du keine Dummheiten machst. Fahrt sofort los. Ich werde mich hier darum kümmern, wer den Polen den Tipp gegeben hat. Sollte ich herausfinden, dass du mit drinsteckst, dann gnade dir Gott.“

Marco strich mit der flachen Hand über die Kehle. Er meinte es ernst!

Slubice ist mit Frankfurt durch die Stadtbrücke über die Oder verbunden. Mit dem Auto würden wir in weniger als zwei Stunden dort sein. Ich rief Bianca an, um ihr zu sagen, dass ich nach Frankfurt/Oder fahren müsse. Der aufgepeppte BMW stünde dort und mache

Probleme. Ich würde versuchen, ihn vor Ort zu reparieren, das könne aber ein oder zwei Tage dauern.

„Paul, ist alles in Ordnung? Kann das nicht eine Werkstatt in Frankfurt machen?“

„Ist 'ne komplizierte Sache, Bianca. Der Kunde will, dass ich das mache.“ „Gut Paul. Fahr vorsichtig.“

Ich stieg mit Jaro in meinen alten Passat und fuhr los.

Noch hatten wir kein Wort gewechselt. Ich wollte von ihm wissen, wie es weiterginge. Jaro schien zu überlegen. Dann antwortete er. Sein polnischer Akzent war nicht zu überhören:

„In Slubice werden wir ein leerstehendes Schlachthaus aufsuchen. In einer Halle parkt die Automafia gern die geklauten Limousinen bis der erste Fahndungsdruck vorbei ist. Vielleicht haben wir Glück und können uns den BMW zurückholen.“

Seine Antwort traf mich wie ein Schlag. Fast hätte ich die Kontrolle über das Fahrzeug verloren.

„Pass auf, du Depp.“ Jaro blickte mich verärgert an. „Ich denke, du bist so ein toller Autofahrer!“

Ich musste mich zwingen, ruhig zu bleiben und auf den Verkehr zu konzentrieren. Nicht, was der Pole gesagt hatte, brachte mich aus der Fassung. Es war seine Stimme. Dieselbe tiefe Stimme hatte ich in der Tiefgarage gehört, bevor ich ohnmächtig wurde!

Es waren Jaro und sein Kumpan, die mich überfallen hatten. Sie wollten wohl selbst den BMW verschieben und mir das in die Schuhe schieben. Jaro und ich würden ohne den BMW nach Berlin zurückfahren, und ich wäre der Dumme. Aber es könnte noch schlimmer kommen. Sollte er merken, dass ich ihn wiedererkannt hatte, wäre mein Leben keinen Cent mehr wert.

Mein Gefühl, dass Jaro Bescheid wusste, wurde immer stärker. Auch wenn er sich vielleicht nicht ganz sicher war, durfte er kein Risiko eingehen. Meine Chance, das Schlachthaus lebend zu verlassen, war gleich null. Mir wurde klar, dass ich ihn vorher loswerden musste.

Doch dafür war es bereits zu spät. Jaro hatte mich durch Slubice gelotst, und ehe ich mich versah, erreichten wir das Schlachthaus, ein halbverfallenes Gebäude am Ufer der Oder. Jaro verließ das Auto, öffnete mit einem Schlüssel ein Eisentor zu einem Hof, winkte mich hinein und verschloss das Tor wieder. Ich saß in der Falle.

Er forderte mich auf auszusteigen und schloss ein zweites Tor auf, das zu einer großen Halle führte. Wahrscheinlich parkten früher hier die Viehtransporter. In einer hinteren Ecke stand tatsächlich der BMW.

„Da haben wir aber Glück", sagte Jaro. „Schau dir den Wagen an, ob alles in Ordnung ist. Mach schnell. Wir müssen verschwinden, bevor wir entdeckt werden. Ich nehme den BMW, du folgst mir in deinem Auto."

Auf den Gedanken, dass ich mich eigentlich fragen müsste, woher er die Torschlüssel hatte, kam er nicht. Jaro war augenscheinlich nicht der Schlaueste.

Als ich zum BMW ging, blieb er dicht hinter mir. Ich war jetzt auf der Hut. In der spiegelnden Seitenscheibe sah ich, wie er seinen Arm hob. Ich drehte mich blitzschnell um, und konnte gerade noch seinen Angriff mit einem Teleskop-Schlagstock abwehren. Er traf zwar meinen Unterarm, doch ich spürte in dem Moment noch nicht den Schmerz. Er war über meine Reaktion so verblüfft, dass ich ihm den Schlagstock entreißen konnte. Ich versetzte ihm einen kräftigen Hieb auf seinen Schädel, so dass er sofort bewusstlos zusammensackte.

Jaro atmete noch; in ein paar Minuten würde er das Bewusstsein wiedererlangt haben. Ich holte sein Handy und die Torschlüssel aus seiner Jackentasche, in der sich noch ein Bündel Hunderter befand. Ich steckte das Geld als eine Art Schmerzensgeld ein und verließ die Halle. Das Tor schloss ich wieder zu und packte den Schlüssel unter einen Stein. Jaro könnte noch so lange und heftig gegen das Eisentor schlagen, niemand würde ihn in dieser verlassenen Gegend hören.

Über die Stadtbrücke fuhr ich zurück nach Frankfurt. Von einem Café aus schickte ich Marco eine Nachricht: Wenn er noch heute abend mit meinem Honorar in meine Werkstatt käme, würde ich ihm sagen, wo seine polnischen Partner den BMW abholen könnten. Marcos Nummer war auf Jaros Handy gespeichert..

Ich rief Bianca an, um ihr zu sagen, dass ich hier mit meiner Arbeit fertig sei und heute am späten Abend zu Hause sein würde.

„Ich freue mich, dass alles in Ordnung ist, Paul. Ich hatte so ein ungutes Gefühl."

„Es gibt keinen Grund, besorgt zu sein, Bianca. Das war heute reine Routine. Ein Kinderspiel."

Gegen neunzehn Uhr ließ sich Marco bei mir blicken. Er war allein. Er blätterte die zweitausend Euro auf den Tisch und blickte mich erwartungsvoll an. Ich nannte ihm die Adresse vom Schlachthof und wo sich der Schlüssel zum Tor befand. Bevor ich das Geld nehmen konnte, legte er seine Hand auf die Scheine.

„Du hast sicher nichts dagegen, wenn ich deine Angaben überprüfe, bevor du das Geld einsteckst. Lass mich kurz telefonieren."

„Kein Problem, Marco, mach das."

Er ging hinaus und kam nach ein paar Minuten wieder.

„Meine Partner sind jetzt unterwegs zum Schlachthof und rufen mich zurück. Wird nicht lange dauern."

„Hast du herausbekommen, wer den beiden Männern, die mich überfallen haben, den Tipp gegeben hat?", fragte ich.

„Nein, noch nicht. Hast du einen Verdacht?"

„Nicht nur einen Verdacht. Ich weiß es sogar." Ich ließ ein paar Sekunden verstreichen, bevor ich weiterredete. „Es war dein Kumpel Jaro, der dich hintergangen hat."

Marco verschlug es die Sprache.

„Wenn du es nicht glaubst, frage ihn, wo er heute Vormittag gewesen ist. Er war es, der mich in der Tiefgarage überfallen hat. Ich habe ihn zusammen mit dem BMW im Schlachthof eingeschlossen. Mich dort noch einmal niederzuschlagen, ist ihm nicht gelungen. Du solltest dir einen cleveren Helfer suchen, Marco."

Den letzten Satz hätte ich mir allerdings besser sparen sollen, denn der brachte Marco kurze Zeit später auf eine Idee, die mir gar nicht gefiel.

Dann kam endlich der erwartete Anruf: Alles okay, der BMW sei gefunden und jetzt in Sicherheit. Aus der Halle sei ein Mann geflüchtet, der aber leider habe entwischen können.

Marco nickte mir zu und ich strich beruhigt das Geld ein.

„Gut, Marco. Das war's dann." Ich erhob mich.

Marco blieb sitzen. Er schaute mich mit wichtiger Miene an.

„Ich möchte dir ein Angebot machen, das du nicht ablehnen kannst."

Wie peinlich, dachte ich. Jetzt mimt er wieder den großen Mafiaboss. Er hatte einen Satz aus einem uralten Hollywoodschinken zitiert, einem Film über einen sizilianischen Gangsterclan. Aber es gab keinen Grund, an Marcos Entschlossenheit zu zweifeln.

„Was hälst du davon, für mich zu arbeiten, Paul. Ich kann einen Mann wie dich gebrauchen."

„Danke, Marco. Das ist nichts für mich. Die alten Zeiten sind für mich vorbei. Ich habe jetzt eine Familie."

Er ließ meinen Einwand nicht gelten:

„Eben. Seine Familie muss man beschützen. Da braucht man manchmal Hilfe."

Wie sollte ich das verstehen? War das wieder eine Drohung?

„Überleg dir mein Angebot gut. Ich rate dir, es anzunehmen. Jaro wird bald hinter dir her sein. Du kennst ihn nicht; er ist dumm, aber brutal und rachsüchtig. Ich könnte ihn dir vom Leibe halten."

Marco stand auf und ging zur Tür. Er drehte sich noch einmal um.

„Gib mir Bescheid, wie du dich entschieden hast. Ich lasse dir eine Woche Zeit."

Mein Leben hatte sich innerhalb der letzten vierundzwanzig Stunden total verändert. Es war zum Verzweifeln. Marco würde mich nie in Ruhe lassen und immer stärker unter Druck setzen. Und dabei zusehen, wie Jaro Jagd auf mich machte, bevor er ihn sich selbst vorknöpfte. Sollte ich zur Polizei gehen? Marco den Autodiebstahl nachzuweisen, würde vermutlich nicht gelingen. Ich aber hätte mindestens mit einer Anklage wegen Hehlerei zu rechnen. Und das als Vorbestrafter. Ich war zurück im kriminellen Sumpf.

Es gab für mich nur eine Möglichkeit, da wieder herauszukommen. Ich musste mit Bianca und Steffi Berlin verlassen und irgendwo untertauchen. Dafür hatte ich genau sieben Tage Zeit.

III

Bianca und ich saßen in der Küche und tranken nach dem Abendessen unser übliches Glas Wein.

„Was ist eigentlich los mit dir, Schatz?" Bianca sah mich mit gerunzelter Stirn an. Sie meinte es ernst.

Sie hatte natürlich gemerkt, dass ich seit zwei Tagen unentwegt grübelte. Ich wusste einfach nicht, was ich tun sollte. Also machte ich jetzt das, was ich längst hätte tun sollen. Ich beichtete ihr, dass ich großen Mist gebaut hatte.

„Ich hätte mich niemals auf den Deal einlassen dürfen, Bianca. Aber ich hatte Angst um euch, um unsere Familie. Ich weiß, wozu Gangster wie Marco fähig sind."

„Warum hast du nicht mit mir darüber geredet? Es hätte sicher einen Ausweg gegeben."

Bianca war enttäuscht, dass ich sie nicht ins Vertrauen gezogen hatte. Mit Recht. Aber sie machte mir keine Vorwürfe. Sie kannte mich gut genug und wusste, wie schwer es mir fiel, meine Probleme und Sorgen mit anderen, selbst mit ihr, zu teilen.

„Du meinst wirklich, wir sollten aus Berlin verschwinden? Wie soll das gehen? Du hast hier deine Werkstatt und ich meinen Job. Und was ist mit Steffi? Unsere Tochter ist gerade dabei, in ihrer Klasse Freundschaften zu schließen."

„Ich weiß, Bianca. Ich will dir keine Angst machen, doch es sind gefährliche Kriminelle, mit denen ich es zu tun habe. Die kennen keine Skrupel."

Bianca blickte mich schweigend an. Sie merkte, wie besorgt ich war und ergriff meine Hand:

„Gut, dann lass uns so schnell wie möglich wegziehen."

Ihre Stimme klang entschlossen, und ich fühlte eine enorme Erleichterung. Biancas Liebe verlieh mir wie immer bei Problemen Mut und Kraft. Ich wusste jetzt, zusammen würden wir es schaffen.

Eine Stunde später war ich nicht mehr so zuversichtlich.

Wir hatten alle Möglichkeiten durchgespielt. Ob auf dem Land oder in einer Großstadt, unser Geld würde niemals reichen, irgendwo Fuß zu fassen. Noch ehe wir beide eine richtige Arbeit gefunden hätten, wären alle Ersparnisse aufgebraucht. Und dann? Flaschen sammeln und auf einen Campingplatz ziehen? Und was wäre mit Steffis Therapie? Als Schrauber und Allround-Handwerker könnte ich sicherlich überall etwas Geld verdienen. Biancas Job-Chancen standen dagegen schlecht. Wegen der Wirtschaftsflaute hatte viele Labore dicht machen müsssen.

„Wir könnten einen Kredit aufnehmen“, schlug Bianca vor.“

Daran hatte ich auch bereits gedacht.

„Ich könnte mit Mangold sprechen“, sagte ich. „Den alten Kredit haben wir ja abbezahlt. Warum sollte er uns kein neues Darlehen geben?“

Mangold war der Banker, der mir seinerzeit mit Unterstützung von Stefan Kling den Gründungskredit bewilligt hatte.

„Sprich doch mal mit Stefan. Vielleicht legt er für dich wieder ein gutes Wort bei Mangold ein.“

Bianca hatte recht. Als mein Bewährungshelfer hatte Stefan Wert darauf gelegt, auch meine Frau kennenzulernen. Im Laufe der Zeit war er so etwas wie ein Freund der Familie geworden. Ich nahm mir vor, Stefan ins Vertrauen zu ziehen.

Zwei Tage später traf ich mich mit ihm in einem Café am Stuttgarter Platz.

Stefan schüttelte ungläubig den Kopf, als er hörte, in welchen Schwierigkeiten ich steckte. Er nippte an seiner Kaffeetasse und überlegte lange.

„Paul, ich spreche jetzt nicht als Bewährungshelfer, sondern als Freund. Eigentlich müsste ich dir raten, zur Polizei zu gehen. Doch dann würdest du in ständiger Angst um dich und deine Familie leben. Ich habe über diesen Marco einiges gehört, dem ist alles zuzutrauen. Er soll sogar einen Mord verübt haben, den man ihm aber nicht nachweisen konnte. Dass er und seine Komplizen aufgrund deiner Aussage in Haft genommen werden würden, halte ich für sehr unwahrscheinlich."

„Und was sollen wir deiner Meinung nach tun?", fragte ich.

„Ich glaube, euch bleibt wirklich nichts anderes übrig als unterzutauchen. Seid ihr in Berlin nicht auffindbar, wird Marco vermutlich seine Erpressungsversuche und dieser Jaro die Rachepläne aufgeben."

Es gab also keine andere Möglichkeit für uns, als zu flüchten. Bianca und ich dachten dabei an Bayern.

„Würdest du uns helfen, Stefan?"

„Natürlich. Was kann ich für euch tun?"

„Sprich bitte mit Mangold. Wir brauchen schnell einen Kredit. Und kümmere dich bitte um die Auflösung meiner Werkstatt."

„Das werde ich tun. Ich sage dir morgen, was ich bei Mangold erreicht habe. Ich denke, dass das klappt."

Ich war froh, einen Freund wie Stefan zu haben.

Uns blieben noch drei Tage, um aus Berlin zu verschwinden.

Am Nachmittag rief mich Stefan an: „Es gibt keine guten Nachrichten, Paul. Mangold kann euch keinen Kredit geben. Sein Vorgesetzter hat sein Veto eingelegt. Ihr hättet zu wenig Sicherheiten anzubieten."

Der Alptraum ging also weiter. Das musste ich erst einmal verdauen. Stefan versuchte mir Mut zu machen:

„Lass uns noch einmal reden, Paul. Was hältst du davon, wenn ich heute Abend bei euch vorbeischaue?"

„Ist 'ne gute Idee, Stefan. Bianca würde sich freuen, dich mal wieder zu sehen."

Um acht stand Stefan mit einer Flasche Wein vor unserer Wohnungstür. Ich holte drei Gläser, und wir setzten uns an den Küchentisch. Stefan hatte eine Landkarte von Brandenburg dabei, die er auf dem Tisch ausbreitete. Er zeigte auf einen kleinen Ort in der Uckermark, nordwestlich von Templin.

„Das ist das Dorf Neu-Hallwald. Ganz in der Nähe befindet sich ein Gehöft. Es nennt sich Hallwald, wie das Dorf. Von Berlin aus ist es mit dem Auto in knapp anderthalb Stunden zu erreichen. Vielleicht könnt ihr dort unterschlüpfen."

Ich konnte mit dem Namen nichts anfangen:

„Hallwald? Hört sich an wie ein Camp für verhaltensauffällige Jugendliche."

„Nein, nein. Hallwald ist eine Art Ökokommune, die Mitglieder sind vorwiegend Aussteiger, aber keine alternativen Spinner. Sie versorgen sich selbst und arbeiten dafür hart. Jeder, der das akzeptiert und einen Beitrag für die Gemeinschaft leistet, ist ihnen willkommen."

„Woher weißt du das?", wollte ich wissen.

„Ich habe das Gehöft im letzten Herbst besucht und dort Gemüse und Wild eingekauft."

Ich wusste natürlich, dass in den letzten Jahren in Brandenburg viele verlassene Höfe von Ökofreaks, Konsumverweigerern, dubiosen Sekten und völkisch-nationalen Gruppen übernommen worden waren.

„Und womit verdienen die ihr Geld?", fragte Bianca.

Ich merkte, dass ihr Interesse erwacht war. Sie schwärmte ab und zu von einem Leben auf dem Lande. Ich weniger, ich bin der typische Stadtmensch.

„Viel brauchen die nicht. Ihnen reicht, was über den Verkauf von landwirtschaftlichen und kunsthandwerklichen Erzeugnissen in den Hofläden und den Besuch von Ausflüglern hereinkommt. "

„Warum sollte man uns dort aufnehmen? fragte ich. „Von Landwirtschaft haben wir keine Ahnung."

„Sicher, aber wie ich mitbekommen habe, brauchen sie einen tüchtigen Handwerker. Die meisten von ihnen kommen aus geistigen Berufen und können keinen Nagel gerade in die Wand schlagen, geschweige denn eine Motorsäge oder ähnliches reparieren."

Stefan zog einen Flyer vom „Ökodorf Hallwald" aus seiner Jacke und zeigte auf eine Telefonnummer.

„Am besten, ihr ruft Friedhelm Berz an und schaut dann dort vorbei. Er ist so etwas wie der Sprecher. Ein netter Typ, er hat mich bei meinem Besuch über Hallwald informiert."

IV

Mit unserem Passat fuhren Bianca, Steffi und ich auf der B 109 durch die Wälder der Schorfheide, über Alleen und unbefestigte Straßen durch die hüglige Landschaft der Uckermark - vorbei an Seen, Wiesen und gelb leuchtenden Rapsfeldern.

Ich fragte mich, warum Bianca und ich mit unserer Tochter noch nie dieses Naturparadies vor den Toren Berlins besucht hatten; wir wanderten gern in unserer Freizeit. Die Uckermark kannten wir nur von der Durchfahrt an die Ostsee.

In Hallwald angekommen, war meine Verblüffung groß. Erwartet hatte ich ein Gehöft mit einer maroden Scheune und ein paar Ställen, bewirtschaftet von Stadtneurotikern, die eine Kuh nicht von einem Ochsen unterscheiden könnten. Doch das hier war kein üblicher landwirtschaftlicher Betrieb von Aussteigern, dazu sah alles viel zu gepflegt aus. Wir stiegen aus dem Auto und gingen durch ein offenstehendes Tor.

Am Ende des von Pappeln umsäumten Wegs standen ein paar Gebäude: eine Kapelle aus Feldsteinen mit einer verfallenen Turmspitze aus Holz, ein einstöckiges Landhaus, das vielleicht mal ein Gutshaus gewesen war, und einige Nebengebäude. Rechts und links vom Weg befanden sich ein paar Blockhäuser, dazwischen

Obstbäume, Gemüse- und Blumenbeete. Weiter hinten, vor dem Waldrand, grasten Pferde auf einer Koppel.

Vor dem Haus, es war tatsächlich ein ehemaliges Gutshaus, wie ich später erfuhr, stand etwa ein Dutzend Personen, junge und alte, Männer, Frauen und Kinder. Ein Mann, so um die Vierzig, löste sich aus der Gruppe und kam uns entgegen. Er stellte sich als Friedhelm Berz vor. Er habe uns schon erwartet.

„Willkommen in Hallwald", begrüßte er uns und umarmte uns, als ob wir alte Freunde wären. Normalerweise schätze ich derartige Vertraulichkeit von mir fremden Personen überhaupt nicht, doch er war mir auf den ersten Blick sympathisch und so ließ ich es zu. Er schlug vor, dass wir uns mit Vornamen anredeten.

Die Bewohner, die wir sahen, trugen ganz normale Freizeitkleidung. Mit einer religiösen Sekte oder mit esoterischen Agrarromantikern hatten wir es augenscheinlich nicht zu tun.

Ich hatte Friedhelm in unserem Telefongespräch gesagt, dass wir uns vorstellen könnten, in Hallwald dauerhaft zu leben. Als er hörte, dass ich gut mit Säge, Lötkolben und Schraubenzieher umgehen kann, reagierte er begeistert:

„Besucht uns am besten gleich morgen. Und bringt eure Tochter mit. Sie findet sicher Gefallen an unseren Pferden. Am Abend zünden wir ein Osterfeuer an. Und wenn ihr Lust habt, könnt ihr bei uns übernachten."

Das hörte sich gut an; es lief alles besser als erwartet.

Friedhelm machte mit uns einen Rundgang durch Hallwald und führte uns zu einem Holztisch vor dem

Gutshaus. Auf dem Tisch stand eine Karaffe mit Limonade. „Setz euch. Trinkt etwas."

Für einen Tag im April war es ungewöhnlich warm und so nahmen wir dankbar seine Einladung an.

„Wie gefällt euch Hallwald?", fragte er.

„Es ist schön hier. Ein hübscher Fleck, den ihr euch ausgesucht habt. Und ihr habt ein kleines Gartenparadies daraus gemacht", sagte ich und meinte es auch so.

„Ja, aber es war eine Menge Arbeit. Vor drei Jahren konnten wir Hallwald vom Land Brandenburg sehr günstig pachten. Als Gegenleistung mussten wir dem Denkmalschützer zusagen, die Kapelle wiederherzurichten. Das haben wir ohne fremde Hilfe fast geschafft, nur der Turm ist noch nicht fertig. Inzwischen hat unsere Kommune über vierzig Mitglieder, die hier ständig wohnen, und es werden von Jahr zu Jahr mehr.

„Vermisst ihr nicht das Stadtleben?", fragte ich.

Im selben Moment wurde mir klar, dass das wohl eine ziemlich dumme Frage war. Was war denn so schön an der Großstadt? Steigende Mieten, Lärm und schlechte Luft, Kriminalität, Hektik, Arbeitsstress - ich konnte jeden verstehen, der aus dem Chaos herauswollte.

„Nein, wir vermissen nichts. Wir leben hier aus der Sicht eines Städters sicher sehr einfach, vielleicht sogar spartanisch. Aber glaube mir, morgens aufzuwachen und die Vögel zwitschern zu hören, ist besser, als sofort beginnen zu müssen, durch den Tag zu hetzen."

Nach der Corona-Krise in den 2020ern und der darauf folgenden Rezession wuchs bei vielen der

Wunsch nach einem entschleunigten, naturnahen Leben fernab der Großstädte. Konsum und Karriere hatten an Attraktivität deutlich verloren.

Bianca wollte wissen, wie das Zusammenleben in Hallwald geregelt ist.

„Wir entscheiden alles gemeinschaftlich unter der Moderation eines gewählten dreiköpfigen Teams, des Ältestenrats."

„Gehörst du mit zu diesem Ältestenrat, Friedhelm?"

„Ja, von Anfang an."

„Und die Kinder hier? Wo gehen die zur Schule?"

„Wir unterrichten die Kinder mit Genehmigung der Behörde bis zur sechsten Klasse selbst. Bei uns leben zwei ehemalige Lehrer, und übrigens auch ein Arzt und eine Krankenschwester. Jeder hat bei uns seine beruflichen Erfahrungen mit Gewinn für alle einbringen können. Wir sind deshalb weitgehend unabhängig."

„Na ja, nicht ganz", warf ich ein. „Einen versierten Allround-Handwerker habt ihr anscheinend nicht." Friedhelm lächelte.

„Du hast recht. Der fehlt uns noch. Aber vielleicht bist ja du dieser Mann."

„Was habt ihr denn zurzeit für technische Probleme?", fragte ich.

Einer hatte eine festgefressene Getreidemühle, bei einem anderen sprang die Motorsäge nicht an, dann funktionierte in einem Gewächshaus die Bewässerungsanlage nicht, und in der Kapelle war die Innenbeleuchtung defekt. Keine großen Sachen; ich könnte das alles in kurzer Zeit in Ordnung bringen.

Wir riefen Steffi zu uns – sie schien sich mit den anderen Kindern auf dem kleinen Spielplatz schon angefreundet zu haben – und verabschiedeten uns von Friedhelm.

„Und ihr wollt wirklich nicht bei uns über Nacht bleiben? Ihr könntet in einer unserer Blockhütten für Gäste schlafen."

Steffi war natürlich dafür, doch wir mussten sie enttäuschen.

„Danke für die Einladung, Friedhelm. Doch wir haben morgen viel zu tun. Wir kommen aber Samstag wieder."

Bereits auf der Rückfahrt waren wir uns einig, dass Hallwald unser neues Zuhause werden sollte: Werkstatt und Job würden wir aufgeben, Jenny von der Schule abmelden, unsere Wohnung kündigen und mit nur wenigen Sachen in ein Blockhaus in Hallwald ziehen. Stefan hatte versprochen, uns bei der Abwicklung in Berlin zu helfen. Die Digitalisierung der Berliner Verwaltung hatte zwar große Fortschritte gemacht, doch sicher bliebe es uns nicht erspart, ab und zu nach Berlin fahren zu müssen.

Biancas Chef würde ihrer Kündigung sicher keine Steine in den Weg legen. Ihre Abteilung, ein Labor für Lebensmitteltechnologie, sollte ohnehin im Zuge der Übernahme durch einen Konzern aufgelöst werden. Ihre beruflichen Erfahrungen würden in Hallwald zwar kaum von Nutzen sein, aber dafür vielleicht ihre Kochkünste. Alles, was sie auf den Tisch brachte, schmeckte hervorragend.

Die Entscheidung, unsere Zelte in Berlin abzubrechen, fiel uns nicht leicht. Einen anderen Ausweg sahen wir aber nicht - und trotz unserer Wehmut spürten wir auch schon Vorfreude auf unser neues, einfaches Leben. Natürlich hofften wir auch, dass sich Steffis Asthma in der frischen Luft bessern würde.

Wie bei unserem ersten Besuch in Hallwald zwei Tage zuvor stellte ich unser Auto vor dem Tor ab. Ich gab Steffi ihren kleinen Rucksack und sie lief uns hüpfend voraus. Nach wenigen Augenblicken kam sie zurückgerannt und schmiegte sich ängstlich an mich. Sie blickte mich mit großen Augen an.

„Wer ist diese Frau, Papa?" fragte sie. „Sie macht mir Angst."

„Welche Frau, Engelchen?" „Die hinter dem Tor."

„Bleib bei Mama. Ich schau mal nach."

Ich ging durch das Tor, konnte aber niemanden sehen. Dann hörte ich ein Rascheln hinter mir.

Ich drehte mich um und sah eine ältere Frau im Schatten einer Eiche stehen. Sie war groß und trug trotz der sommerlichen Wärme einen langen schwarzen Mantel. Ihr Alter ließ sich kaum schätzen. Fünfzig, sechzig, siebzig? Ihr Gesicht hatte etwas Maskenhaftes, nur die Augen lebten. Sie starrte mich an, nicht böse, eher traurig. Ihre Stimme klang brüchig:

„Hüte dich vor dem Kahlkopf am Feuer! Er wird dir Unglück bringen."

Es verschlug mir die Sprache. Kannte sie mich? Ich solle mich vor einem Mann mit Glatze vorsehen? Am

Osterfeuer?“ Was meinte sie damit? Ehe ich fragen konnte, war sie hinter den Bäumen verschwunden.

„Was war denn los?“, fragte mich Bianca.

„Alles in Ordnung. Steffi hatte sich erschreckt, weil da vorn plötzlich eine Frau stand“ erklärte ich.

„War das eine Hexe, Papa?“, fragte Steffi.

„Nein, das war nur eine alte Frau. Sie scheint verwirrt zu sein. Solche armen Leute kennen wir ja auch aus Berlin. Du musst keine Angst haben, Steffi. Aber sei immer schön vorsichtig.“

Friedhelm winkte uns schon zu. Er machte uns mit den anderen beiden Mitgliedern des Ältestenrat bekannt: Klara, eine Enddreißigerin in einem dunklen Hosenanzug, und Martin, deutlich jünger und in Joggingklamotten.

„Schön, euch zu sehen“, sagte Klara. „Kommt mit ins Gutshaus. Wir können da in Ruhe reden.“

Durch einen großen Raum mit vielen Stühlen gelangten wir in ein Kaminzimmer und nahmen in einer Sitzecke Platz. Die Drei wollten viel über uns wissen, über unsere politischen Ansichten, unsere Jobs, unsere finanzielle Situation, unseren Freundeskreis und so weiter. Und natürlich, warum es uns nach Hallwald zog.

„Kurz gesagt, wir haben von Berlin die Nase voll. Wir haben das Gefühl, dort in einem Hamsterrad zu stecken“, erklärte ich. „Unsere Tochter soll in einer gesunden Umgebung aufwachsen. Wir lieben die Natur.“

Dass wir in Berlin nicht mehr sicher seien, sagte ich natürlich nicht.

Die Drei lächelten und nickten zustimmend. Dann beantworteten sie unsere Fragen:

Ja, die meisten Bewohner seien Vegetarier oder Veganer, aber das sei kein Muss.

Ja, alle Nahrungsmittel produziere man selbst. Getreide käme von den Landwirten der Umgebung.

Nein, abgesehen von den Pferden gebe es außer Hühnern und zwei Milchkühen keine Nutztiere.

Ja, jeder sei frei, das zu glauben, was er wolle. Für Fanatiker und Extremisten sei aber kein Platz.

Ja, alle Kosten werden auf die Bewohner umgelegt. Hallwald sei eine gemeinnützige Genossenschaft, an der alle Bewohner beteiligt seien.

„Die Umlage kann auch durch Arbeitsleistungen erbracht werden“, ergänzte Klara. „Wir haben dafür ein Punktesystem entwickelt, damit alles gerecht zugeht.“

Dass unsere finanziellen Reserven nur begrenzt waren, hatten wir nicht verschwiegen.

Klara schien im Ältestenrat die Wortführerin zu sein.

„Ich glaube, ihr würdet gut zu uns passen“, sagte sie. Friedhelm und Martin stimmten ihr zu.

„Wir lassen euch jetzt allein. Schaut euch um und sprecht mit unseren Leuten“, forderte uns Klara auf.

In Hallwald war es noch ruhig. Erst ab Mittag wurde es voller. Viele Besucher aus der Umgebung und aus Berlin waren gekommen, um die an den Marktständen angebotenen kunsthandwerklichen und landwirtschaftlichen Produkte zu kaufen, ins Hofcafé zu gehen oder sich zum Beispiel im Bogenschießen oder Töpfern zu probieren.

Besonders viel Spaß hatten die Kinder. Ein Zauberer zog ihnen bunte Ostereier aus der Nase, und ein Akrobat übte mit ihnen jonglieren. Steffi war vernarrt in die Pferde. Sie war mächtig stolz, dass sie beim Longieren auf dem Pferderücken sitzen durfte.

Ich merkte, wie sehr Hallwald und seine Menschen Bianca beeindruckten. Und auch ich konnte mich der Faszination nicht entziehen, die diese harmonische Gemeinschaft selbstbestimmt und zufrieden lebender Menschen auf mich ausübte.

Am Abend gab es ein gemeinsames Festessen und danach ein Zusammensein rund um das Osterfeuer. Ich war beruhigt, von einem Glatzkopf war nichts zu sehen. Einige rauchten und ich meinte den süßlichen Duft von Joints zu riechen. Hallwald wurde mir immer symphatischer.

Kurz vor Mitternacht gingen wir in unsere Blockhütte. Steffi schlief sofort ein.

„Wie hat dir der Tag gefallen?“, fragte ich Bianca.

„Mega langweilig “, antwortete sie und gähnte.

„Ist das dein Ernst?“ „Nein, natürlich nicht, mein dummer Liebling. Es war mega cool“, antwortete sie lachend und schlüpfte unter meine Bettdecke.

Bevor ich einschlief, musste ich an die Frau in Schwarz denken. Was hatte sie mir sagen wollen?

V

Schon nach einem Monat waren wir echte Hallwalder geworden und inzwischen auch der Genossenschaft beigetreten. Unsere Freunde und Kollegen hatten auf unser Vorhaben mit Verständnis reagiert und einige schienen uns sogar zu beneiden. Den wahren Grund für unseren Umzug hielten wir vor ihnen natürlich geheim.

An Marco dachten wir immer weniger. Nur bei unseren gelegentlichen Besuchen in Berlin passte ich auf, ihm nicht über den Weg zu laufen.

Bianca half in der Hofbäckerei mit und beeindruckte durch neue Koch- und Backrezepte. Ihre Erdbeertorte und ihr Apfelkuchen entwickelten sich im Hofcafé zu wahren Verkaufsschlagern. Ich stellte meine Dienste als Techniker und Handwerker zur Verfügung und lieferte außerdem zweimal die Woche die „Hallwalder Obst- und Gemüsekiste“ aus, die bereits mehrere Bioläden und hundert Privatkunden in Berlin und Brandenburg abonniert hatten. Frische Ökoware aus der Region, direkt ins Haus oder zu einer Abholstation gebracht, erfreute sich steigender Beliebtheit.

Einer meiner Kunden war zufälligerweise Mangold, mein Banker, der mir trotz Fürsprache von Stefan Kling den Kredit verweigert hatte. Na ja, die Welt ist eben klein dachte ich. Gott sei Dank nahm immer Mangolds Frau die Gemüsekiste in Empfang. Ich war nicht darauf erpicht, Mangold zu treffen.

Unsere Arbeit wurde mit dem Beitrag für unseren Aufenthalt verrechnet, so dass am Ende des Monats sogar noch etwas Geld in unsere Kasse floss. Das reichte, viel brauchten wir ja jetzt nicht mehr.

Wir waren froh, dass Steffi von Anfang an mit unserem Plan einverstanden gewesen war. Sie vermisste nichts. Sie hatte in Hallwald neue Freunde gefunden, die unkonventionelle Art des Lernens in der Schule gefiel ihr, und täglich kümmerte sie sich um die Pferde.

Von der Gemeinschaft waren wir herzlich aufgenommen worden. Wir genossen es, nach der Arbeit abends am Lagerfeuer zusammen zu sitzen, über Gott und die Welt zu plaudern und einen Joint zu rauchen. Der Stoff war gut. Er wirkte entspannend, machte gleichzeitig um einen herum alles irgendwie klarer, ohne die Wirkung eines psychodelischen Trips zu haben. Ich hatte in meiner Jugend dummerweise mal LSD probiert und seitdem einen höllischen Respekt davor.

„Wo habt ihr das Zeug her?“ fragte ich Friedhelm eines Abends. Eine Cannabisplantage hatte ich noch nirgends entdecken können.

„Alles ist aus der Region und absolut naturrein“, antwortete er schmunzelnd.

„Im Ernst, was ist das?“

„Psilocybin. Der Wirkstoff von einem Pilz, der hier wächst und den wir trocknen.“

„Was sind das für Pilze? Halluzinogene?“ fragte ich.

„Hast du schon mal was von Magic Mushrooms, den sogenannten Zauberpilzen gehört? Schon die alten Germanen haben sich damit zugedröhnt. Durch die Beigabe von Kräutern und Blütenblättern verringern wir die Psilocybin-Dosis und erhöhen die entspannende Wirkung. Ist natürlich trotzdem illegal."

Friedhelm schien das aber nicht zu kümmern:

„Das Zeug ist sehr schwer nachzuweisen", sagte er.

Bis dahin hatte ich angenommen, es würde sich bei den Joints um Marihuana aus irgendwelchen dubiosen Quellen handeln. Woher genau, ging mich nichts an.

„Damit könntet ihr doch richtig gutes Geld verdienen, mehr als nur mit Kohlrabi und Mohrrüben. Man würde euch das Zeug aus den Händen reißen", sagte ich - und meinte das natürlich nicht ernst. Doch Friedhelm sah das anders.

„Genau, da hast du zweifellos recht", sagte er.

Er klopfte mir anerkennend auf die Schulter. „Genau das machen wir schon seit langem."

„Und wie vertreibt ihr den Stoff?" Ich ahnte nichts Gutes.

„Na wie denn wohl? Natürlich über unsere Obst- und Gemüsekisten."

Friedhelm schien über meine Naivität zu lächeln. Mir selbst war nicht zum Lächeln zumute. Ohne es zu ahnen, hatte ich die Rolle eines Drogenkuriers, eines Dealers, gespielt. Das könnte wieder Knast bedeuten!

„Nun guck nicht so entsetzt, Paul. Bisher war das Risiko für dich gering; du hast ja nichts gewusst. Wir wollten dich jetzt sowieso einweihen und dich an dem Geschäft beteiligen. Wir dachten an fünf Prozent vom Erlös. Einverstanden?"

Mir ging durch den Kopf, dass wir wegen Steffi in ein paar Jahren vielleicht wieder nach Berlin zurückkehren wollten; Marco würde uns ja nicht ewig verfolgen können. Etwas Startkapital wäre dann sicherlich sehr hilfreich.

Friedhelm wartete noch immer auf meine Antwort.

Und dann beging ich, wieder einmal, einen Fehler, den ich bitter bereuen sollte. Ich schlug in Friedhelms ausgestreckte Hand ein.

„Niemand außer Martin, Klara und uns beiden weiß in Hallwald von dem Drogenhandel. Und dabei muss es bleiben", sagte er.

Bianca wollte ich erst einmal nichts erzählen. Vielleicht war der Stoff ja auch gesundheitlich und juristisch harmlos.

Mit meinem Smartphone googelte ich nach Psilocybin. Das, was ich fand, klang ganz und gar nicht harmlos: bei Überdosierung drohten Panikattacken und Psychosen, und der Handel werde mit bis zu fünf Jahren Haft bestraft. Der deutsche Name der Psilocybin-Pilze: Spitzkegelige Kahlköpfe.

„Hüte dich vor dem Kahlkopf!", hatte mich die Frau in Schwarz gewarnt. Jetzt wusste ich, was sie mir sagen wollte. Doch es war zu spät. Ich steckte bereits tief im Geschäft mit den Drogen.

Ich fragte Friedhelm, ob er die mysteriöse Frau kennen würde.

„Du meinst sicher Agatha. Schleicht die immer noch hier herum? Agatha kennt sich exzellent mit Heilpflanzen und heimischen Rauschdrogen aus. Sie hat für uns die Pilze gesammelt und sie mit uns unbekannten Kräutern vermischt. Das war bis vor einem halben Jahr. Wir haben nicht gemerkt, dass sie selbst ihre beste Kundin war. Als sie Wahnvorstellungen entwickelt hat und anfing, unsere Besucher zu ängstigen, mussten wir ihr den Aufenthalt bei uns verbieten. Sie lebt jetzt zurückgezogen in Neu-Hallwald bei ihrer Schwester."

„Aber wer stellt für euch jetzt die Drogen her?", fragte ich.

„Das ist genau unser Problem. Wir haben zwar noch für ein paar Wochen Vorräte, doch dann ist es aus mit unserem lukrativen Geschäftsmodell."

Mir fiel ein Stein vom Herzen, als ich das hörte. In wenigen Wochen wäre ich - juristisch - wieder clean.

Doch Friedhelms nächster Satz machte meine Hoffnung zunichte:

„Du brauchst keine Angst um deinen Nebenverdienst zu haben, Paul. Wir arbeiten bereits an einer Lösung. Wir wollen Psilocybin synthetisch herstellen und mit Marihuana strecken. Wir sind zwar im Besitz der Formel, aber noch fehlt uns das labortechnische Know-how. Und dann geht das Geschäft durch die Decke."

In mir keimte plötzlich ein Verdacht auf. Die Drei brauchten einen Experten für Labortechnik, also jemanden wie Bianca. War es wirklich Zufall, dass Bianca und ich in Hallwald gelandet waren? Mangold hatte mir wider Erwarten keinen Kredit eingeräumt. Uns blieb damit nur Hallwald als Ausweg. Den Tipp hatte uns Stefan Kling gegeben. Dann müsste der ja in der Sache mit drinstecken! Sollte das Ganze ein abgekartertes Spiel gewesen sein? War Marco vielleicht gar nicht so gefährlich und rachsüchtig, wie Stefan mich glauben machen wollte, unsere Flucht also unnötig gewesen? Je länger ich darüber nachdachte, desto wahrscheinlicher erschien es mir, dass wir in eine Falle geraten waren. Stefan und Mangold hatten im Hintergrund die Fäden gezogen, um uns nach Hallwald zu locken.

Friedhelm war für mich nicht länger der umweltbewusste Aussteiger, für den ich ihn gehalten hatte. Er war ein skrupelloser Geschäftsmann, den nur Geld interessierte, genau wie Martin und Klara aus dem Führungstrio. Mangold und Stefan Kling waren ihre Komplizen. Für mich war diese Erkenntnis mehr als ernüchternd; sie machte mir Angst. Was würde mir und meiner Familie passieren, wenn ich nicht mehr mitmachen wollte? Ich musste vorsichtig sein.

Bianca war fassungslos. Ich hatte ihr erzählt, dass ich ohne mein Wissen als Drogenkurier eingesetzt worden war und ich jetzt weitermachen müsse. Ansonsten könnte man mich auffliegen lassen. Das war wieder einmal nur die halbe Wahrheit. Dass ich Friedhelms Deal freiwillig zugestimmt hatte, sagte ich nicht. Mir war aber jetzt klar, dass er eine Weigerung sowieso nicht akzeptiert hätte. Es gab ja genügend Druckmittel, um mich gefügig zu machen.

Bianca brachte keinen Ton heraus.

„Bianca“, beendete ich unser Schweigen, „ich glaube, wir sind reingelegt worden. Stefan und Mangold sind

Komplizen des Ältestenrats. Sie haben dafür gesorgt, dass wir heute hier sind."

„Was, Mangold? Der Banker? Und was hat Stefan damit zu tun?" Bianca reagierte fassungslos, als ich ihr von meinem Verdacht erzählte.

„Ich bin sicher, dass Mangold mir den Kredit verweigert hat, um uns in die Hände von Friedhelm zu treiben. Und Stefan hat dabei mitgeholfen."

Bianca schüttelte ungläubig den Kopf.

„Warum hätten die das tun sollen? Du bist zwar ein tüchtiger Techniker, aber sicher nicht der einzige."

„Es ging von Anfang an nicht um mich, Bianca. Es ging um dich."

„Was?" Bianca riss die Augen auf. „Was ist denn an mir so wichtig? Dass ich gut Kuchen backen und kochen kann?"

„Nein, man braucht dich, weil du als Chemielaborantin gearbeitet hast."

Ich berichtete von dem Plan des Führungstrios, Drogen synthetisch herzustellen.

„Ich wette, dass man dich in den nächsten Tagen bitten wird, die Laborarbeit zu übernehmen."

„Aber das sind doch alles nur Vermutungen, Paul. Du hast keinen Beweis, dass dein Verdacht stimmt", warf Bianca ein.

„Du hast recht. Es gibt nur einen Weg das herauszufinden. Ich muss mit Marco sprechen."

„Du bist verrückt. Der könnte dich umbringen."

„Keine Angst, ich weiß, was ich tue."

Am nächsten Tag lieferte ich in Berlin den ganzen Tag Gemüsekisten aus. Gegen neunzehn Uhr fuhr ich zum Belmont. Ich hoffte, Marco würde sich hier wie jeden Freitag sein Cordon bleu gönnen. Ich brauchte nicht lange zu warten: Marco stieg aus einem Taxi, mit ihm eine Blondine vom Typ russisches Model. Mein Herz begann heftig zu schlagen. Aber nicht wegen der Blondine. Ich rechnete mit allem, auch mit einem Angriff.

Als Marco mich sah, blieb er überrascht stehen.

„Paul, du?" In seinen Augen sah ich keinen Hass und keine Wut. Nur Erstaunen. Er wandte sich an die Blondine: „Geh schon mal rein, Cherie."

„Was ist passiert, Paul? Ich habe nie wieder etwas von dir gehört. Und deine Werksstatt ist geschlossen."

Ich atmete tief durch.

„Marco, bist du auf der Jagd nach mir?"

„Was? Nein! Wie kommst du darauf?"

„Ich hatte dein Angebot abgelehnt. Das hat dir sicher nicht gefallen."

„Natürlich nicht. Hast du dir es jetzt anders überlegt?"

„Nein, das nicht. Ich hatte befürchtet, dass du dich rächen willst."

„Wieso sollte ich das tun. Ich kann dich doch nicht zwingen, mein Partner zu sein. Und außerdem bin ich dir dankbar. Du hast mir über Jaro die Augen geöffnet. Der sitzt jetzt übrigens in Polen im Knast. Wird wohl länger dauern."

„Stimmt es, dass man dir mal einen Mord anhängen wollte."

„Mir? Niemals. Ich fuchtle zwar ab und zu mit einer Waffe herum, habe aber nie geschossen. Ich bin Pazifist."

Das klang aus seinem Munde recht komisch, aber ich glaubte ihm. Wer denn das über ihn erzählt habe, fragte er mich.

„Mein Bewährungshelfer."

„Wer ist denn das?"

„Stefan Kling."

„Kling? Jeder weiß doch, dass der korrupt ist. Und drogensüchtig. Mein Gott, Paul. Du bist ein schlauer Junge, aber wirklich naiv."

Meine Angst vor Marcos Rache war unbegründet gewesen. Stefan hatte es geschickt verstanden, mich in Panik zu versetzen.

Bianca schlief schon, als ich nach Hause kam. Nach Hause, das klang jetzt irgendwie falsch. Anders als noch vor ein paar Tagen.

Als ich am nächsten Morgen aufwachte, war Bianca bereits in der Bäckerei. Erst gegen Mittag konnte ich ihr sagen, dass wir von Marco nichts zu befürchten hätten. Sie reagierte erleichtert. Eine Sorge waren wir los. Aber wir hatten sie nur eingetauscht gegen eine weit größere.

„Und was soll ich deiner Meinung nach machen, wenn man mich um Hilfe bittet?", fragte mich Bianca.

„Du musst erst einmal zusagen. Sie wissen, dass wir erpressbar sind. Denn solltest du ablehnen, könnte man den Drogenhandel ohne weiteres mir in die Schuhe schieben, und ich würde wieder ins Gefängnis wandern."

„Ich werde mitspielen. Aber sobald sich die Gelegenheit ergibt, lassen wir das Trio auffliegen."

Bianca ergriff meine Hände und blickte mich ernst an.

„Wir kriegen das hin, Paul. Mach die keine Sorgen."

Ich war stolz auf meine starke Frau. Ich nahm sie in den Arm und küsste sie. In dem Moment kam Steffi herein:

„Bäh, hört auf damit, ich habe euch etwas Wichtiges zu sagen." „Was denn, Engelchen?", fragte ich

„Stellt euch vor, ich bin heute morgen mit Hella über einen Balken gesprungen." Steffi strahlte. Hella war ihr Lieblingspony. „Das ist toll, Steffi", sagte Bianca und strich ihr über den Kopf.

„Es ist so schön hier, Mama. Ich möchte mit euch für immer hierbleiben."

Es machte uns traurig, Steffi diesen Wunsch nicht erfüllen zu können. Wir mussten raus aus Hallwald.

Ich behielt recht. Ein paar Tage später fragte Klara ziemlich unverblümt, ob Bianca bereit wäre, bei der Drogenproduktion mitzumachen. Bianca gab vor, dass sie damit überhaupt keine Probleme habe, „wenn das Geld dafür stimmt".

Friedhelm, Klara und Martin hatten damit gerechnet, denn sofort baten sie Bianca und mich, ihnen zu folgen. Wir gingen zum Gutshaus und betraten durch eine Tür in der Rückseite des Hauses einen Abstellraum, in dem sich allerdings außer Gerümpel nichts Ungewöhnliches befand. Friedhelm stieg auf eine Kiste, öffnete eine

Deckenluke und zog eine Klapptreppe hervor, die nach oben zum Speicher führte. Was wir auf dem ausgebauten Dachboden sahen, raubte mir den Atem:

Wir blickten in ein professionell eingerichtetes modernes Chemielabor, mit allem, soweit ich das beurteilen konnte, was man zur Drogenherstellung benötigte. Auch Bianca war beeindruckt: „Das sieht alles sehr professionell aus. Ich glaube, wenn alle Substanzen, die ich brauche, da sind, kann ich mit der Produktion beginnen."

„Die Substanzen sind schon da. Sie befinden sich hinten im Kühlschrank", sagte Klara.

Bianca schüttelte verwundert den Kopf. „Wer hat die denn besorgt?"

„Dr. Koblank, ein Chemiker. Der Doktor war ein Partner von uns. Bevor er mit der Arbeit beginnen konnte, verstarb er bei einem Verkehrsunfall", sagte Martin. „Ich bin sicher, er hat alles perfekt vorbereitet. Die Unterlagen für die Herstellung liegen dort auf dem Tisch."

„Ich schlage vor, du fängst sofort an, Bianca." Klaras Tonfall machte deutlich, dass sie keinen Widerspruch dulden würde.

„Vergesst nicht, die Tür zum Abstellraum abzuschließen, wenn ihr das Haus verlasst. Wir wollen nicht, dass das Labor entdeckt wird", sagte Friedhelm und gab uns den Schlüssel.

Von da an arbeitete Bianca jeden Tag für ein paar Stunden im Labor. Nach zwei Wochen war es soweit: Alle Tests waren erfolgreich verlaufen; die Produktion konnte starten. Ergebnis war ein rosafarbenes Granulat, das von Bianca und mir in kleine Tütchen portionsgerecht verpackt wurde. Zur Tarnung trugen die Tütchen den Aufdruck „Biozucker". Ich hatte mich selbst davon überzeugen können, dass die Wirkung in etwa dem natürlichen Psilocybin/Cannabis-Gemisch entsprach.

Ab dann lag in einigen Gemüsekisten auch der sogenannte Biozucker.

Dass die Qualität überzeugend war, sprach sich unter unseren Kunden herum: Die Zahl der Abnehmer stieg rapide an.

Alles klappte prima und nach und nach verdrängten Bianca und ich unser schlechtes Gewissen; „Biozucker" war ja keine harte Droge. Unsere Absicht, so schnell wie möglich auszusteigen, rückte immer mehr in den Hintergrund. Vielleicht lag das auch daran, dass ich mir ab und zu selbst einen Joint gönnte. Ich hatte das Gefühl, dass der Stoff auf Dauer zu einer gewissen Sorglosigkeit führte, aber das störte mich nicht. Im Gegenteil.

Dann kam der Tag, der alles ändern sollte.

Als Bianca und ich mittags vom Labor zu unserem Blockhaus zurückkehrten, war Steffi zuhause. Eigentlich hätte sie bis zwei Uhr beim Schulunterricht sein sollen.

„Was ist los, Steffi. Hast du heute keine Lust zum Lernen?"

Steffi antwortete nicht. Sie saß auf dem Sofa und starrte uns an, als ob wir Aliens von einem fremden Planeten wären. Sie war kalkweiß im Gesicht, und ihre

Pupillen waren klein wie Stecknadelköpfe. Auf dem Fußboden lagen drei aufgerissene Tütchen. Oh Gott, sie hatte die Drogen geschluckt!

Sie war bei Bewusstsein, aber nicht ansprechbar. Wir betteten sie auf das Sofa und fühlten ihren Puls. Der war Gott sei Dank normal. Wenn ihr Kreislauf stabil bliebe, bestünde keine Lebensgefahr, und in etwa zwei, drei Stunden wäre die Wirkung voraussichtlich vorbei. Doch wie würde ihre Psyche den Trip verarbeiten?

Die nächsten Stunden waren die schlimmsten in unserem Leben. Noch nie hatten wir uns so große Sorgen um unser Kind machen müssen. Wir bangten, weinten, hofften und beteten …

Dann endlich wurde Steffis Blick klarer. Sie hatte es überstanden.

„Was war mit mir, Mama?", sagte sie. „Ich bin so müde." Dann fiel sie in einen tiefen Schlaf. Ihr Atem ging ruhig und gleichmäßig, und ab und zu lächelte sie. Wir waren die glücklichsten Menschen der Welt. Wir umarmten uns und weinten.

Plötzlich war Bianca wie verwandelt. Ihr war bewusst geworden, was ich durch meine Leichtsinnigkeit angerichtet hatte. Sie stieß mich weg und blickte mich voller Zorn an.

„Was hast du getan?", schrie sie. „Warst du total durchgeknallt?"

Ich hatte gegen unsere Regel, die Drogen immer außer Reichweite von Steffi aufzubewahren, verstoßen. Für mich hatte ich einen kleinen Vorrat gebunkert, versteckt in meiner Sporttasche. Aber Kinder sind nun einmal neugierig, und Süßem konnte Steffi noch nie widerstehen …

Erst als Bianca sah, dass es Steffi gut ging, verrauchte langsam ihr Zorn. An meinem Schuldgefühl änderte das nichts. Was war ich nur für ein Vater! Ein Junkie, ein Dealer, ein Loser, der seine Familie in große Gefahr gebracht hatte! Ich schämte mich zutiefst und schwor mir, nie wieder Drogen zu nehmen.

Bianca und ich waren uns einig, wir mussten hier endlich Schluss machen. Wenn wir aus Hallwald herauswollten, hätten wir das gut vorzubereiten. Jetzt zur Polizei zu gehen, könnte bedeuten, im Gefängnis zu landen und das Sorgerecht für Steffi zu verlieren.

Wir mussten notgedrungen weitermachen, bis sich uns ein Ausweg bieten würde. Noch sahen wir den aber nicht. Dass wir nicht ungeschoren davonkämen, war uns klar.

Bis es soweit wäre, durften wir keinen Verdacht erregen. Ich traute dem Führungstrio inzwischen alles zu, wenn sie dahinterkämen, was wir vorhatten. Sogar, uns zu beseitigen.

Steffis Erinnerung an den Trip verblasste schon nach wenigen Tagen. Sie erzählte uns etwas von bunten Wolken, fliegenden Elefanten und einem sprechenden Baum. Sie nahm das erstaunlich gelassen. Für unser Mädchen schien das Erlebte wie eine Geschichte aus einem Bilderbuch gewesen zu sein, einem wie Alice im Wunderland.

Ich war froh, dass Steffi alles so gut verkraftet hatte. Doch etwas anderes belastete mich zunehmend:

Ich spürte, dass sich Bianca von mir entfremdete. Ihre spontanen liebevollen Gesten wurden seltener, sie lächelte mich kaum noch an, und unsere Unterhaltungen bekamen einen sachlichen, geschäftsmäßigen Ton.

Ich hielt das nicht länger aus und wollte Klarheit:

„Bianca, was ist? Was ist anders geworden?"

Sie blickte erstaunt von ihrem Buch auf.

„Das fragst du noch? Du hättest unsere Tochter durch deinen Leichtsinn fast umgebracht. Soll ich dir dafür um den Hals fallen? Und du hast mir nicht die Wahrheit gesagt. Das macht mich traurig und auch wütend!"

Was sollte ich darauf antworten? Sie hatte ja recht. Also schwieg ich – und machte es ihr damit unmöglich, mir zu verzeihen. Wieder einmal hatte ich es geschafft, mir selbst ein Bein zu stellen.

Wegen Steffi taten wir so, als verliefe unser Leben normal weiter. Wir beteiligten uns am Gemeinschaftsleben, bewunderten Steffis Reitkünste und spielten abends zu Dritt Malefiz. Wir schliefen weiterhin miteinander, doch die unsichtbare Mauer zwischen uns wurde höher. Ich konnte es verstehen, dass sie von mir enttäuscht war. Liebe ist zerbrechlich, sie darf nicht überstrapaziert werden. Aber genau das hatte ich getan.

VI

Ich war gerade damit beschäftigt, vor dem Eingang der Kapelle eine Fliese zu erneuern, als aus der Richtung des Friedhofs Schreie an mein Ohr drangen. Die Schreie

schienen aus der Grabstätte eines adligen Großgrundbesitzers zu kommen, für den Mitte des neunzehnten Jahrhunderts hier ein Mausoleum errichtet worden war.

Die Schreie hörten nicht auf, aber es war kein Mensch, der da schrie. Hinter dem eisernen Gitter, das den Zugang zum Mausoleum verschloss, flatterte aufgeregt ein großer Rabe hin und her. Auf dem Boden lagen die Reste einer toten Maus. Der Vogel hatte es geschafft, durch das Gitter durchzuschlüpfen und die Maus zu fressen, doch jetzt fand er nicht mehr heraus. Ich holte meinen Werkzeugkasten, und nach wenigen Sekunden gelang es mir, das Schloss zu öffnen und den Raben zu befreien.

Ich hatte das Mausoleum, einen etwa zwei mal drei Meter schmucklosen Bau aus Backsteinen mit einem flachen Giebeldach, vorher noch nie betreten. Viel zu sehen, gab es im Innern nicht. Ich nahm an, dass sich unter der eisernen Bodenplatte der Sarg befinden würde. Da ich nun schon einmal hier war, wollte ich einen Blick in die Gruft tun. Ich hob die Bodenplatte hoch und blickte nach unten. Ein Sarg war nicht zu sehen, dafür eine moderne Aluminiumtreppe.

Neugierig stieg ich hinab und stand vor einer mit einem Sicherheitsschloss versehenen Tür aus Stahlblech.

Ich hatte den Zugang zu einem geheimen Kellergewölbe entdeckt, perfekt getarnt durch das Mausoleum darüber! Ich musste wissen, was sich hinter der Tür verbarg. Mit meinen Spezialwerkzeugen würde ich das Schloss aufbekommen. Bisher war mir das fast bei jeder Tür gelungen.

Auf dem Rückweg achtete ich darauf, von niemandem gesehen zu werden. Dass hinter dem Geheimnis des unterirdischen Raums nur das Hallwalder Führungstrio stecken konnte, stand für mich außer Frage.

Ich wollte Bianca meine Entdeckung nicht verheimlichen. Sie sollte mir wieder vertrauen können.

„Meinst du, du schaffst es, das Schloss zu knacken?", fragte sie. „Ich glaube schon", antwortete ich.

„Dann lass uns nach Einbruch der Dunkelheit zum Friedhof gehen."

Ein paar Stunden später war es dunkel. Vorsichtig schlichen wir zum Mausoleum, ich öffnete das Torschloss, und wir stiegen die Treppe zur Gruft hinab. Bianca leuchtete mit der Taschenlampe, und nach fünf Minuten hatte ich es geschafft: die Tür war offen. Hinter der Tür drückte ich einen Schalter und grelles Licht flackerte auf.

Der unterirdische Raum war unerwartet groß, etwa vier mal zehn Meter. Auf den Tischen an den weißen Seitenwänden standen Monitore, daneben merkwürdige Schaltpulte und Apparaturen mit grün blinkenden Lämpchen. In der Mitte des Raums waren, quer zum Eingang, vier sargähnliche Behälter aufgereiht, die mit Konsolen an den Seitenwänden des Raums verkabelt waren.

„Das sieht ja hier aus wie in einem Science-Fiction-Film", sagte Paula angespannt und griff meine Hand.

Ihre Hand in meiner zu spüren berührte mich tief. Wollte sie mir zeigen, dass wir nach wie vor zusammengehörten? Oder hatte sie einfach nur Angst?

Über das, was ich sah, war ich genauso fassungslos wie Bianca. Ich ging in den Raum hinein.

Die vier Behälter hatten einen gläsernen Deckel und waren leer. Als ich in den hintersten Behälter hineinschaute, stockte mir der Atem. Entsetzt sah ich, dass in dem Behälter ein Mensch lag, ein Mann in den Vierzigern, der ein weißes Ganzkörpertrikot trug. Sein Körper war an dünne Leitungen und Schläuche angeschlossen. Bianca stand inzwischen neben mir.

„Der Mann hat eine frische Gesichtsfarbe. Er sieht aus, als würde er schlafen", sagte sie leise.

„Das ist unmöglich", erwiderte ich. „Der muss tot sein."

Vorsichtig begann ich, den Behälter näher zu untersuchen. In dem Moment hörten wir von der Tür ein Geräusch und drehten uns um. An der Tür stand Friedhelm. Er musste uns heimlich gefolgt sein.

„Alle Achtung, Paul. Vor dir kann man wirklich nichts geheim halten. Ihr habt es geschafft, ihr seid jetzt im Allerheiligsten von Hallwald", rief er uns von hinten zu. Seine Stimme klang eher anerkennend als bedrohlich. Ich war überrascht. Wir waren doch in den Raum eingebrochen, warum blieb er so ruhig? Friedhelm erweckte nicht den Eindruck, als ob wir etwas von ihm zu befürchten hätten. Meine erste Angst, dass unsere Entdeckung unser Todesurteil sein könnte, schien unbegründet zu sein.

„Aber bevor ihr erfahrt, was das hier zu bedeuten hat, sollten wir ins Gutshaus gehen", sagte Friedhelm freundlich lächelnd.

Er verschloss hinter uns die Tür und das Gitter des Mausoleums und lief zum Gutshaus. Wir folgten ihm schweigend.

Im Kaminzimmer baten uns Klara und Martin, in den Sesseln vor dem offenen Feuer Platz zu nehmen. Friedhelm gab jedem ein Glas, in das er Champagner füllte. Alkohol war zwar in Hallwald verpönt, doch das galt augenscheinlich nicht für den Ältestenrat.

Friedhelm stand auf und erhob sein Glas. Alle folgten seinem Beispiel.

„Lasst uns auf Hallwald trinken, auf unsere Zusammenarbeit und auf den Erfolg der Operation Lazarus", sagte er feierlich.

Bianca und ich schauten uns verständnislos an.

Dann übernahm Klara das Wort:

„Dass wir euch voll und ganz vertrauen und dass ihr für Hallwald eine große Bereicherung seid, haben wir euch schon gesagt. Wir wollen euch heute in ein Projekt einweihen, das euer Leben radikal verändern würde, und zwar zum Guten. Nie wieder Geldsorgen! Na, wie klingt das? Ihr müsst euch allerdings jetzt entscheiden. Seid ihr bereit mitzumachen?"

Mir war klar, was uns blühte, sollten wir ablehnen. Ich blickte Bianca kurz an; sie sah das ganz genauso.

„Da brauchen wir nicht lange zu überlegen, Klara. Wir sind dabei", sagte ich. Das Trio nickte beifällig. Die Drei nahmen vermutlich an, wir seien ebenso geldgierig und skrupellos wie sie selbst.

„Das ist gut. Dann erzähle ich euch jetzt, was es mit der Operation Lazarus auf sich hat." Klara machte eine

Pause, so dass Bianca Gelegenheit bekam, eine Frage zu stellen.

„Lazarus? Ist das der Typ aus der Bibel, den Jesus von den Toten aufgeweckt hat?"

„Ja genau, Bianca. Und dasselbe haben wir auch vor."

Mir blieb die Luft weg, als ich das hörte.

Martin machte uns mit den Hintergründen vertraut:

„Die NASA experimentiert seit langem mit Methoden, Astronauten in den sogenannten Hyperschlaf zu versetzen. Man hat erkannt, dass nur so Reisen zum Mars oder zu den Jupitermonden machbar sind. Und man war erfolgreich. Es ist der NASA gelungen, ein Gasgemisch zu entwickeln, das alle Körperfunktionen auf ein absolutes Minimum herunterfahren lässt. Die Alterung der Zellen wird auf diese Weise um neunundneunzig Prozent verlangsamt."

„Heißt das, dass jemand, der hundert Jahre im Tiefschlag lag, nur um ein Jahr biologisch gealtert wäre?"

Ich konnte kaum glauben, was Martin da sagte.

„Genauso ist es", fuhr Martin fort. „Alle Tests der NASA sind so erfolgreich verlaufen, dass dieses Verfahren bei der kommenden bemannten Marsmission angewendet wird. Das Ganze ist aber top-secret."

„Wie seid ihr an die technischen Unterlagen gekommen?", wollte ich wissen.

„Das ist eine komplizierte Geschichte. Besser, ihr wisst darüber nichts. Nur soviel: Der Zufall spielte dabei eine große Rolle. Und eine Vertrauensperson bei der Esa, der Europäischen Weltraumorganisation."

„Und die Anlage unter dem Mausoleum funktioniert?“, fragte Bianca.

„Tadellos“, sagte Martin. „Die Versuchsperson liegt dort seit fast einem Jahr in einem komaähnlichen Tiefschlaf. Wir haben mit dem Mann vereinbart, ihn nach zehn Jahren aufzuwecken. Es hätten ebenso zwanzig, dreißig, fünfzig oder hundert Jahre sein können.“

„Aber wie könnt ihr sicher sein, dass die Anlage über einen so langen Zeitraum ungestört in Betrieb sein wird?“, warf ich ein.

„Kapelle und Friedhof stehen unter Denkmalschutz. Der Pachtvertrag unserer gemeinnützigen Genossenschaft läuft neunundneunzig Jahre und kann verlängert werden. Es muss nur dafür gesorgt werden, dass die Anlage kontinuierlich betreut wird. Nachfolger zu gewinnen, dürfte angesichts der Gewinnaussichten kein Problem sein. Und Platz für weitere Schlafkammern ist vorhanden.“

„Hallwald ist also nur Tarnung?“, fragte Bianca.

„Natürlich. Und das Drogengeschäft werden wir nur solange betreiben, bis wir mit dem Projekt Lazarus in die Gewinnzone kommen. Das dürfte bereits in einem Jahr der Fall sein. Wir haben bereits ernsthafte Interessenten.“

„Was sind das für Leute?“, fragte ich.

„Ein kranker Milliardär, der auf medizinische Fortschritte hofft, ein schwerreicher Waffenschieber, der vor der Mafia in die Zukunft flüchten will, und ein lebenssatter russischer Oligarch, der sehen möchte, wie es in fünfzig Jahren in der Welt aussieht.

„Lazarus hat Jesus kein Geld bezahlt. Ich nehme an, für eure Kunden wird es teuer.“

Martin lächelte. „Der Preis ist angemessen: eine Million Euro für jeweils ein Jahr Hyperschlaf.“

„Und welche Garantien haben die Kunden?", fragte ich. Das Führungstrio begann, schallend zu lachen.

„Du bist witzig Paul. Meinst du, dass der Scheintote sein Geld zurückbekommt, wenn er nach fünfzig oder hundert Jahren nicht aufwachen sollte?“, sagte Klara noch immer schmunzelnd. Dann wurde sie wieder ernst:

„Eine Garantie gibt es natürlich nicht, und unsere Interessenten wissen das. Wir empfehlen jedem Kunden, eine Lebensversicherung abzuschließen. Wenn er es wünscht, kann er unsere Genossenschaft als Erbin einsetzen. Wir würden dann sein Geld für ihn anlegen.“

Klara erklärte mir, wie das Ganze abliefe: Der Kunde würde ein Serum einnehmen, das den Tod für vierundzwanzig Stunden vortäuscht. Offizielle Todesursache: Herzversagen. Das Bestattungsinstitut, das mit zum Lazarus-Team gehört, würde den Sarg mit dem Scheintoten durch einen mit Ballast gefüllten Sarg austauschen. Dieser Sarg würde zum Friedhof gebracht werden und dort unter die Erde kommen. Der Scheintote käme unterdessen in den unterirdischen Raum unter dem Mausoleum.

Ein perfekter Plan. Erst jetzt begriff ich wirklich, in welches teuflische Spiel wir hineingeraten waren.

„Wer ist der Mann, den wir in der Schlafkammer gesehen haben?“, wollte Bianca wissen.

„Das ist unser ehemaliger Techniker. Ein Genie. Der hat die Anlage nach den Unterlagen der NASA gebaut. Er wollte sie auch als erster testen."

„Warum ist er dieses Risiko eingegangen. War er lebensüberdrüssig?", fragte ich Friedhelm.

„Das nicht. Aber er wollte seinen geschiedenen Frauen keinen Unterhalt mehr zahlen müssen. Die hatten gegen ihn einen erbitterten Rosenkrieg geführt."

„Und was macht er nach den zehn Jahren?"

„Er ist ja offiziell tot. Und von dem Geld der Lebensversicherung kann er sich eine neue Identität zulegen."

Ich konnte mir vorstellen, dass es viele Menschen gäbe, die aus unterschiedlichen Gründen gern ein paar Jahrzehnte überspringen würden. Und darunter wären sicherlich genügend Superreiche, die sich das auch leisten könnten.

„Wer betreut denn jetzt die Anlage?", wollte ich von Friedhelm wissen.

„Das ist ja genau unser Problem", erklärte er. „Die Anlage wird über Computer vollautomatisch gesteuert, aber natürlich sind gelegentlich Wartungs- und Kontrollarbeiten erforderlich, insbesondere was die Strom- und Gaszufuhr betrifft. Bis vor kurzem hat das Dr. Koblank gemacht, unser leider verunglückter Chemiker."

„Und jetzt habt ihr uns diese Aufgabe zugedacht?"

„Du hast es erfasst, Paul. Ihr werdet sehen, es ist ganz einfach. Das Schlimmste, was passieren kann ist, dass durch irgendwelche unvorhersehbaren Ereignisse die Menschen in den Kammern nicht mehr scheintot, sondern mausetot sein würden."

Friedhelm lachte schallend. Ich merkte, dass es dem Trio nicht allein um Geld ging, sie wollten wohl Gott spielen.

„Doch nun zu euch. Wir hatten euch von Anfang an ins Auge gefasst. Wir brauchen euch als Experten, die den Interessenten die Anlage zeigen und überzeugend erklären können. Uns fehlt dazu die technische und medizinische Kompetenz, die ihr habt. Wir kümmern uns um das Kaufmännische und die Kundenakquisition", sagte Friedhelm und öffnete eine zweite Flasche Champagner.

Wir hatten es mit Verrückten zu tun. Was sollten wir nur tun? Einfach weggehen? Uns als Mittäter der Polizei stellen? Noch fehlte uns dazu der Mut.

Die Gefahren, die um uns lauerten, ließen uns wieder zusammenrücken. Bianca hatte mir verziehen, ohne dass wir darüber reden mussten. Sie wusste, wie schwer mir Beziehungsgespräche fielen.

In den folgenden Wochen fuhr ich weiter die Obst- und Gemüsekisten aus und kümmerte mich um die Instandsetzung der Kapelle. Darüber hinaus präsentierten Bianca und ich vier Interessenten, die für uns anonym blieben, die unterirdische Anlage. Dass wir auf die Besucher überzeugend wirkten, lag sicher nicht nur an unseren weißen Ärztekitteln. Wir hatten uns mit den Details des Lazarus-Projekts intensiv befasst und konnten jede Frage beantworten. Am meisten interessierte es die Besucher, einen Blick in die Schlafkammer mit dem Techniker zu werfen. Der wirkte trotz des komatösen

Schlafs nach wie vor mit seinem rosigen Gesicht absolut lebendig.

Die Anlage selbst lief tadellos. Ich wunderte mich nur, dass die drei unbesetzten Kammern noch immer leer waren. Von den insgesamt jetzt sieben ernsthaften Interessenten hatten wir nie wieder etwas gesehen oder gehört. Aber das war ja nicht unsere Sache, sondern die des Führungstrios.

Ein achter Interessent besuchte die Anlage an einem Herbsttag im November.

Der Mann, etwa Ende sechzig, kam mir bekannt vor. Ich erinnerte mich aber nicht, wo ich ihn schon einmal gesehen haben könnte. Er bestätigte Klara, die bei der Führung durch die Anlage immer dabei war, dass er sich in vierzehn Tagen in den Hyperschlaf versetzen lassen werde. Dann erwähnte er noch, dass er die Nachfolge in seinem Unternehmen bereits geregelt habe. Da klingelte es bei mir. Der Mann war Harald Marx, der öffentlichkeitsscheue Inhaber eines der größten Handelskonzerne Deutschlands. Eines der seltenen Fotos von ihm hatte ich vor Jahren in einem Magazin gesehen.

Zwei Wochen später ging es durch alle Medien, dass Marx unerwartet verstorben sei. Todesursache: Herzversagen. Und es wurde berichtet, dass seine Verhaftung wegen eines gigantischen Steuerbetrugs unmittelbar bevorgestanden habe. Für mich war klar, dass Marx in den nächsten Tagen zum Hyperschlaf bei uns eingeliefert werden würde. Es verging eine Woche und es verging eine zweite Woche, doch der für ihn reservierte Behälter blieb leer.

Gut, dachte ich, vielleicht ist das nur ein Zufall und Herbert Marx verstarb, noch bevor er das Serum verabreicht bekommen hätte, tatsächlich an Herzversagen. Doch an einen derartigen Zufall konnte ich nicht so recht glauben. Gab es etwas, was wir nicht wussten?

Dass ich zu Recht misstrauisch war, bestätigte sich ein paar Tage später. Ich reparierte gerade in der Kapelle eine Bank, als Bianca hereingestürzt kam. Sie war kreidebleich.

„Paul, lies was ich gefunden habe. Sie gab mir ein Blatt Papier, einen Brief:

Liebe Biggi,

ist der Frühling schön in New York? Meine Arbeit ist so gut wie beendet, das Labor ist fertig eingerichtet. Ich weiß jetzt, was hier produziert werden soll: illegale Drogen, keine Aufbaupräparate! Und gestern bat man mich, bei einem Projekt mitzumachen, das mich von allen finanziellen Sorgen befreien würde. Als Wissenschaftler soll ich Menschen vorgaukeln, dass man sie in einen Kälteschlaf versetzen und nach vielen Jahrzehnten wieder aufwecken könne. Ein Filmarchitekt hat dafür eine unterirdische Anlage gebaut, die absolut realistisch aussieht. Es geht wohl darum, von den Interessenten eine als Spende deklarierte hohe Anzahlung zu kassieren. Ich frage mich, was mit den Menschen passieren wird, die sich darauf einlassen. Natürlich habe ich abgelehnt und werde noch heute hier verschwinden. Das Geld für die Operation deiner Mutter, werde ich schon irgendwie anders auftreiben können.

In Liebe, dein Vater

Ich war entsetzt. „Wo hast du den Brief gefunden?"

„Im Labor. Durch Zufall im Speicher vom Drucker. Der Brief ist von Dr. Koblank, dem Chemiker. Er wollte ihn wohl als Mail verschicken, aber ihn vorher ausdrucken. Dazu ist er nicht mehr gekommen. Und du ahnst es sicher auch, warum ihm das nicht mehr gelungen war."

Ich bekam weiche Knie und musste mich setzen. Bianca ebenfalls.

„Das, was hier gespielt wird, ist nicht nur ein gigantischer Betrug, Bianca."

„Du meinst ..." Sie stockte.

„Ja. Die Ermordung der Kunden gehört mit zum Geschäftsmodell des Lazarus-Projekts."

Ich sagte Bianca, was ich vermutete: Das den Kunden verabreichte Serum würde nicht zum Scheintod führen, sondern sofort zu einem tödlichen Herzstillstand. Das Ganze wäre also eiskalter Mord. Die Särge mit den Leichen würden ganz normal auf dem Friedhof landen.

„Du meinst, die Anlage ist ein Fake"?

„Ja, wie Dr. Koblank geschrieben hat. Das Set-Design ist so perfekt gemacht, dass auch ich darauf reingefallen bin."

„Aber was ist mit dem Mann in dem Behälter?", fragte Bianca. Meine Antwort überraschte sie nicht:

„Den gucken wir uns jetzt etwas genauer an."

Bianca und ich schlichen uns zum Mausoleum und gingen hinunter in den Kellerraum. Mit einem Stemmeisen öffnete ich vorsichtig den Behälterdeckel. Ich wollte keine Spuren hinterlassen. Normalerweise müsste jetzt ein Alarmsignal ertönen. Nichts passierte. Alle Kontrolllämpchen an den Konsolen blinkten weiterhin grün.

Bianca blickte mich fassungslos an.

Ich berührte das Gesicht des Mannes und wusste sofort, dass ich richtig vermutet hatte.

„Das hier ist eine Wachsfigur, Bianca. So perfekt wie die Figuren bei ‚Madame Tussaud'."

„Und der Techniker, der hier liegen sollte? Was ist mit dem passiert?"

„Den gab es vielleicht gar nicht. Oder er ist ermordet und irgendwo verbuddelt worden. Wie Dr. Koblank. Der hatte keinen Verkehrsunfall, der wurde auch ermordet, als unser Trio merkte, dass er beim Lazarus-Projekt nicht mitmachen wollte."

„Dann sind die Kunden sind auch ermordet worden, oder?", Bianca war sichtlich erschüttert.

„Vielleicht nicht alle, ich nehme aber an, mindestens sechs", antwortete ich.

„Die haben sechs, sieben oder mehr Tote auf dem Gewissen. Und wofür? Nur wegen des Geldes."

„Aber das war nicht wenig, Bianca. Ich schätze zwischen sechzig und hundertzwanzig Millionen. Die Anlage selbst kann nicht mehr als eine Million gekostet haben. Wahrscheinlich wurde sie mit Hilfe von Mangold finanziert, dem Banker."

Die gesamte technische Einrichtung war höchst professionell gemacht. Ich fragte mich dennoch, wie ich mich nur so habe täuschen lassen. Der Mensch sieht eben nur das, was er zu sehen erwartet. Jeder Magier weiß das.

Als wir wieder vor dem Mausoleum standen, war Bianca kalkweiß im Gesicht.

„Lass uns ein paar Schritte gehen", schlug ich vor. Ich brauchte frische Luft; mir war übel.

„Wir müssen sofort die Polizei benachrichtigen", sagte Bianca.

„Und was wollen wir denen sagen? Die Mordopfer sind längst begraben, und bis auf den von Harald Marx kennen wir nicht einmal die Namen. Selbst wenn man die Leichen obduzieren würde, fände man keine Spuren mehr von dem Serum."

„Aber das Geld?"

„Einer gemeinnützigen Genossenschaft Geld zu stiften oder zu vererben, ist nicht verboten. Selbst wenn es Millionen sind."

Bianca ließ nicht locker.

„Was ist mit der unterirdischen Anlage?"

Ich musste Bianca erneut enttäuschen:

„Die könnte man für Filmaufnahmen gebaut haben. Nein Bianca, wir haben keine Beweise."

Selbst der Brief von Dr. Koblank würde nicht reichen. Der Brief war von ihm auf dem PC oben im Labor geschrieben worden, also könnte er ja auch von uns getippt worden sein. Es war hoffnungslos. Keine Opfer, keine Zeugen, keine Beweise. Nur wir hätten eine Anklage zu befürchten. Die Produktion von Drogen war kein Kavaliersdelikt. Wir saßen in der Falle.

„Wir müssen solange auf Tauchstation bleiben, bis wir die Morde beweisen können. Noch ahnen die Drei nicht, dass wir sie durchschaut haben."

„Ich weiß, Paul. Doch ich habe große Angst um Jenny."

Wie sollte ich Bianca Mut machen? Mir ging es doch genauso.

VII

Es gab nur eine Chance. Wir mussten Dr. Koblanks Leiche finden; erst dann könnten wir zur Polizei gehen. Aber vielleicht war der Doktor ja gar nicht tot, sondern bereits bei seiner Tochter in New York oder sonst irgendwo! Wenn er ermordet sein sollte, wo hätte man die Leiche vergraben? Ich brauchte nicht lange nachzudenken. Natürlich, auf dem Friedhof hinter der Kapelle.

Am nächsten Tag begann ich kurz nach Sonnenaufgang nach verräterischen Spuren auf dem Friedhof zu suchen. Ich musste vorsichtig sein; würde man mich entdecken, wäre das unser Todesurteil.

Niemand war zu sehen. Meter für Meter schritt ich den Friedhof ab. Nichts.

Erst in der hintersten Reihe stieß ich auf das Grab eines 1912 verstorbenen Schulmeisters, das mit Tannenzweigen notdürftig abgedeckt war. Ich schob die Zweige beiseite und begann, mit meiner Schaufel zu graben. Die Erde war unerwartet locker. Ich stieß auf etwas Festes - eine Hand, die aus der Erde herausragte!

„Suchst du einen Goldschatz?", ertönte plötzlich eine Stimme hinter mir. „Ich habe dich schon seit einigen Tagen im Verdacht, hinter uns her zu schnüffeln."

Ich drehte mich um, vor mir stand Friedhelm und richtete eine Pistole auf mich. Er musste mich die ganze Zeit beobachtet haben.

„Ihr verdammten Mörder!“, schrie ich voller Wut und schlug ihm ohne nachzudenken mit meiner Schaufel die Waffe aus der Hand. Damit hatte er nicht gerechnet. Er schrie auf und ließ die Pistole fallen. Sofort griff ich mir die Waffe und zwang ihn, mit mir zum Mausoleum zu gehen. Dort ließ ich mir seine Schlüssel für das Gittertor und die untere Tür aushändigen. Er leistete keinen Widerstand. Eine Minute später hatte ich ihn im Kellerraum eingeschlossen.

Ich musste mich erst einmal setzen und einige Minuten durchatmen. Mein Handy hatte ich dabei. Ich wählte 110 und meldete einen Mord:

„Beeilen Sie sich, die Täter befinden sich noch am Tatort.“ Ich gab die Adresse durch und legte auf. Wenn die Polizei aus Templin käme, könnte es allerdings zwanzig Minuten dauern, bis sie hier wäre.

Ich lief zurück zu unserem Blockhaus, um Bianca und Steffi zu holen. Ich wollte so schnell wie möglich mit ihnen Hallwald verlassen. Doch Bianca und Steffi waren nicht im Haus. Ich sah Kopfkissen und Decken am Boden liegen und einen umgestürzten Stuhl. Mir war sofort klar, dass man sie aus dem Bett gezerrt haben musste.

Dann klingelte mein Handy.

„Komm ins Kaminzimmer, Paul“, hörte ich Klara sagen. „Deine Frau und deine Tochter warten hier auf dich.“

Verdammt, ich hatte nicht daran gedacht, dass Friedhelm ein Handy bei sich haben könnte. Er musste vom Keller aus sofort Klara oder Martin angerufen haben.

Voller Panik rannte ich zum Gutshaus. Die Tür zum Kaminzimmer stand offen. Bianca und Steffi saßen auf dem Sofa und blickten mich ängstlich an. Vor ihnen standen Klara und Martin, beide mit einer Pistole bewaffnet.

„Komm herein, Paul. Gib mir die Pistole. Und dein Handy auch", sagte Klara. Ich musste gehorchen. „Und du brauchst gar nicht erst anzufangen, uns Märchen zu erzählen. Wir wissen, dass ihr durchschaut habt, was hinter dem Lazarus-Projekt steckt. Wirklich schade, dass ihr nicht mitmachen wollt." Klaras Stimme klang tatsächlich bedauernd. „Da müssen wir uns wohl von euch trennen."

„Seid vernünftig, es ist zu Ende mit Lazarus", sagte ich. „In einer Viertelstunde ist die Polizei hier."

„Auf den Bluff fallen wir nicht rein, Paul", sagte Klara.

„Ich sage die Wahrheit", rief ich. „Macht es nicht noch schlimmer, lasst mich und meine Familie gehen."

„Gehen? Sicher, aber zum Friedhof." Martin grinste. „Los, steht jetzt auf. Wir laufen jetzt alle schön langsam und unauffällig zum Mausoleum."

Wir hatten keine Wahl. Ich wusste, sie würden sofort schießen, sollten wir versuchen zu fliehen.

Martin schloss die Tür zum Keller auf. Als mich Friedhelm sah, verpasste er mir einen Fußtritt. „Das ist für die Hand, die du mir gebrochen hast."

„Hör damit auf“, sagte Klara zu ihm. „Wir sind doch zivilisierte Menschen.“ Dann wandte sie sich an uns: „Macht es euch gemütlich. In der Zwischenzeit überlegen wir, was wir mit euch anstellen werden.“

„Ihr könnt euch ja in die Schlafkammern legen. In hundert Jahren werden wir euch wecken“, rief uns Friedhelm noch zu, bevor er die Tür zumachte und abschloss. Sein Lachen war selbst noch durch die massive Eisentür zu hören.

Es war aus. Hier unten würde uns die Polizei niemals finden. Von meiner Buddelei auf dem Friedhof wäre jetzt sicher nichts mehr zu sehen, und im Labor würden alle Spuren, die auf die Drogenproduktion hindeuteten, längst beseitigt worden sein.

Steffi weinte leise, Bianca nahm sie in den Arm und versuchte, sie zu trösten. „Du brauchst keine Angst zu haben, mein Engel. Alles wird gut.“

Nichts wird gut, dachte ich. Die Polizei würde wieder abrücken. Es gab dort oben absolut nichts, was eine Straftat vermuten ließe. Man würde uns umbringen und auf dem Friedhof verscharren. Ich hoffte nur, dass man uns dann das Serum verabreichen würde. Der Tod käme wenigstens schnell und wäre schmerzlos.

„Was wird man mit uns machen, Paul?“, fragte Bianca.

Ich konnte ihr nicht die Wahrheit sagen.

„Die Drei werden uns zwingen weiterzumachen. Sie brauchen uns ja. Wahrscheinlich wird man drohen, uns sonst wegen der Drogen anzuzeigen.“

„Meinst du das wirklich?“ Bianca glaubte mir nicht.

„Nein, Bianca", flüsterte ich. „Wenn wir es nicht schaffen, hier herauszukommen, dann …" Ich wollte den Satz nicht beenden und redete mit fester Stimme weiter: „Wir werden einen Ausweg finden. Das verspreche ich dir!"

Ich musste versuchen, trotz meiner Angst klar zu denken. Das Türschloss zu knacken, war ohne mein Werkzeug unmöglich. Langsam blickte ich mich im Raum um. Mein Blick blieb am hinteren Ende der Decke hängen. Dort befand sich ein Gitter, etwa fünfzig mal fünfzig Zentimeter groß. Dahinter verbarg sich vermutlich ein Lüftungsschacht, der an die Oberfläche führte. Könnten wir ihn hochklettern, wären wir in Sicherheit.

Schnell schob ich unter das Gitter einen Stuhl und stieg darauf. Ich riss das Gitter von der Decke, blickte hoch und sah Tageslicht. Doch der Schacht entpuppte sich als ein Rohr mit einem Durchmesser von höchstens dreißig Zentimetern. Selbst Steffi würde es nicht schaffen, sich da hindurchzuzwängen.

Ich stieg vom Stuhl herunter und setzte mich. Ich war verzweifelt. Sollte es für uns wirklich keine Rettung geben?

Uns blieb vielleicht noch eine halbe Stunde Zeit. Dann wäre die Polizei mit ihrer Untersuchung fertig und würde wieder abziehen. Und dann würde sich die Tür zu unserem Gefängnis öffnen …

Ich starrte auf die vier Computerterminals auf den Wandtischen und dachte nach. Wenn es mir gelänge, hier unten eine WLAN-Verbindung zum Router im Gutshaus herzustellen, könnte ich einen Hilferuf per

Mail absenden. Aber ich wusste, dass Stärke und Reichweite des WLAN-Signals dafür nicht ausreichten. Ich hatte das bereits früher ohne Erfolg probiert.

Plötzlich kam mir eine Idee! Ich könnte versuchen, die vier Computer zusammenzubinden. Dieser Super-PC wäre vielleicht so leistungsstark, dass ich in das Hallwerk-Netzwerk hineinkäme. Die Wahrscheinlichkeit, dass das funktionierte, war verschwindend gering. Doch es war unsere letzte Chance. Ich nahm einen Schraubenzieher und begann hektisch, Kabel und Stecker umzumontieren. Ich weiß nicht mehr wie, aber dann hatte ich es, vielleicht mit Gottes Hilfe, geschafft. Die Verbindung des Computer-Clusters zum Router stand.

So schnell ich konnte, schickte ich mit dem PC einen Notruf an die Polizei mit dem Hinweis auf Koblanks Leiche und auf unser Kellergefängnis und drückte auf „senden".

Die folgenden Sekunden kamen mir vor wie eine Ewigkeit. Dann kam die Bestätigung: „gesendet".

„Bianca", jubelte ich. „Ich habe es geschafft!"

Noch war die Gefahr nicht vorbei. Da ich befürchtete, dass uns die Polizei nicht rechtzeitig finden könnte, schoben wir die Schlafkammern vor die Tür. Das würde unsere Mörder sicher nicht dauerhaft aufhalten, aber wir wollten es ihnen so schwer wie möglich machen. Wir setzten uns auf den Boden, umarmten uns und warteten…

Ich hatte jedes Zeitgefühl verloren. Irgendwann glaubte ich, draußen Schüsse zu hören. Dann war es wieder totenstill. Doch nicht lange, zu uns drang Gepolter hinunter. Jemand schlug gegen die Tür und schrie „Polizei! Gehen Sie zurück nach hinten und ducken Sie sich! Wir sprengen die Tür!"

Bianca und ich rissen Steffi hoch und flüchteten ans hintere Ende des Raums. Im gleichen Moment gab es eine gewaltige Explosion, und die Tür flog aus den Angeln. Durch den Qualm sahen wir ein Dutzend vermummte Polizisten über die Barrikaden klettern und auf uns zustürmen.

Das lief alles vor meinen Augen wie ein Film ab. Erst als ein Polizist vor mir stand und seinen Helm abnahm, wurde mir bewusst, dass wir gerettet waren. Bianca und Steffi begannen zu weinen, und auch ich konnte meine Tränen nicht zurückhalten.

„Sind Sie verletzt?", fragte der Polizist. Ich schüttelte den Kopf, sprechen konnte ich nicht. „Gut, dann kommen Sie schnell hier heraus."

Der Mann nahm Bianca und Steffi an die Hand, und ich stolperte hinterher. Die Treppe hoch schaffte ich es nur mit Hilfe eines anderen Beamten, so sehr schlotterten mir die Knie.

Man legte uns Decken um und führte uns zum Gutshaus. Vor dem Haus standen mehrere Einsatzwagen der Polizei und zwei Rettungsfahrzeuge. Ein Sanitäter nahm uns in Empfang und prüfte unseren Zustand.

„Alles in Ordnung", sagte er und übergab uns einem Beamten in Zivil, einem Kommissar.

Bianca und Steffi wurden sofort ins Gutshaus gebracht. Ich blickte mich noch einmal um.

Die ahnungslosen Bewohner von Hallwald standen hinter einem Absperrband und blickten fassungslos auf die Szene vor ihren Augen.

Neben den Rettungswagen lagen drei schwarze Leichensäcke.

„Sind das die…" „Ja", unterbrach mich der Kommissar. „Das sind die drei Personen, die Sie uns in Ihrer Mail genannt haben. Als das Einsatzkommando hier eintraf, begannen sie sofort, wie wild auf unsere Kräfte zu schießen. Als ob sie den Tod gesucht hätten. Gott sei Dank ist keiner unserer Beamten verletzt worden. Aber lassen Sie uns ins Haus gehen. Sie können sich sicher vorstellen, dass ich eine Menge Fragen an Sie habe."

Erschöpft folgte ich dem Kommissar ins Haus.

VIII

Sechs Monate nach unserer Befreiung aus dem Keller mussten Bianca und ich uns vor Gericht verantworten. Wir hatten bei den Vernehmungen durch die Polizei und die Staatsanwaltschaft nichts verheimlicht. Der Vorwurf lautete gemeinschaftlicher Verstoß gegen das Betäubungsmittelgesetz in einem besonders schweren Fall. Der Richter war uns gnädig und ließ uns mit einem halben Jahr Haft auf Bewährung davonkommen.

Die Akte zum Mord an Dr. Koblank wurde geschlossen; der oder die Täter waren ja tot. Auch die Ermittlungen zum Lazarus-Projekt verliefen im Sand; es konnten keine Opfer identifiziert werden, und die Obduktion der

Leiche von Herbert Marx erbrachte keinen Hinweis auf einen unnatürlichen Tod. Die Drei hatten es wirklich perfekt verstanden, ihr mörderisches Gewerbe zu betreiben, ohne irgendwelche verräterischen Spuren zu hinterlassen.

Mangold wurde zu einer hohen Geldstrafe und einer Bewährungsstrafe verurteilt Er hatte sich als unabhängiger Vermögensverwalter der Hallwalder Genossenschaft der Beihilfe zur Steuerhinterziehung und Geldwäsche schuldig gemacht.

Bei der Durchsuchung der Wohnung von Stefan Kling fanden sich Drogen und Hinweise auf Bestechlichkeit. Wegen Fluchtgefahr wurde er in Untersuchungshaft genommen. Seine Mitwirkung an der Operation Lazarus konnte man ihm aber nicht beweisen.

Ein Problem gab es noch: Durch die Spenden und Hinterlassenschaften ihrer verstorbenen „Kunden" besaß die Genossenschaft ein Vermögen von sagenhaften elf Millionen Euro. Die Ermittlungsbehörden vermuteten einen kriminellen Hintergrund, konnten aber nichts Gesetzwidriges nachweisen. Das Geld einzuziehen, war ihnen somit nicht möglich.

Nach der Klärung der Vermögensverhältnisse beschlossen die Mitglieder der Genossenschaft einstimmig deren Auflösung und die Auszahlung des Vermögens. Bianca und ich besaßen je einen Anteil, und so flatterten zwei Millionen Euro auf unser Konto - eine Zwei mit sechs Nullen. Wir konnten es kaum begreifen.

Vor eineinhalb Jahren hatten wir uns mit unserer Flucht nach Hallwald für ein einfaches Leben entscheiden müssen. Doch jetzt merkten wir, dass es gar nicht so leicht ist, einfach zu leben, wenn man plötzlich viel Geld hat.

Was sollten wir tun? Meine Idee: erst einmal mit einem Boot über die Weltmeere segeln. Steffis Wunsch: ein Ponyhof. Der Vorschlag meiner klugen Frau: in Immobilien anlegen.

Ich ahnte, wer sich durchsetzen würde – und das wäre dann auch in Ordnung.

DER SAMOANER

Im Sommer 1896 fand in Berlin die Erste Deutsche Kolonialausstellung statt – eine perfekt inszenierte Exotik-Show, nur eine Stunde von der Berliner City entfernt.

Wer im neunzehnten Jahrhundert im Deutschen Reich einen Allerweltsnamen wie Max Becker hörte, stellte sich dabei wohl kaum einen polynesischen Südseeinsulaner vor. Doch um einen solchen handelte es sich bei Max.

Was nicht so ganz stimmte. Max war ein *half caste,* ein Halbblut, wie es damals hieß. Er hatte eine samoanische Mutter, eine Prinzessin aus dem königlichen Malietoa-Clan, doch sein Vater, Theodor Becker, stammte aus Norddeutschland, genau gesagt aus Emden. Max' Eltern hatten sich auf Samoa kennen- und liebengelernt. Theodor Becker verwaltete dort als Prokurist die Plantagen des Hamburger Handelsunternehmens Godeffroy & Sohn.

Max wurde 1874 in Samoas Hauptstadt Apia geboren und entwickelte sich zu einem stattlichen jungen Mann – seine Mutter hatte ihm ihren sanften hellbraunen Teint vererbt, sein Vater den athletischen Körperbau. Max' Mutter starb, als er zehn Jahre alt war. Sein Vater konnte den frühen Tod seiner geliebten Frau nicht verwinden und heiratete nie wieder.

Max besuchte die englische Missionsschule in Apia und genoss dort eine erstklassige europäische Erziehung.

Theodor Becker legte aber auch darauf Wert, dass sein Sohn seine samoanischen Wurzeln nicht vergaß; er sollte sich in beiden Kulturkreisen heimisch fühlen. Kein Wunder, dass Max bei den gesellschaftlichen Treffen der einheimischen und europäischen Elite im kleinen Kasino von Apia ein gern gesehener Gast war. „Was für ein schöner Mann", flüsterten sich die Damen und auch einige Herren zu, wenn Max in seinem weißen Anzug das Kasino betrat. Die Plaudereien im Garten oder im Kaminzimmer interessierten ihn weniger; umso mehr das Gückssspiel zu vorgerückter Stunde in kleiner Runde. Max war ein geschickter und begeisterter Kartenspieler.

Kolonialer und rassischer Dünkel waren in jener Zeit auf Samoa weitgehend unbekannt. Die Menschen, die hier dauerhaft lebten, empfanden sich in erster Linie als gleichberechtigte, stolze Samoaner, egal, woher sie stammten und welche Hautfarbe sie hatten.

Nach der Schulzeit unterstützte Max seinen Vater bei der Arbeit im Kontor von Godeffroy und lernte dabei schnell, dass es im Handelsgeschäft in erster Linie auf drei Dinge ankommt: auf Qualität, auf Zuverlässigkeit und auf einen guten Gewinn. Neben dieser Tätigkeit blieb Max noch genügend Zeit, die im wahrsten Sinne des Wortes paradiesischen Seiten Samoas zu genießen: die smaragdgrün schimmernde See, die von Palmen gesäumten schneeweißen Strände, die polynesischen hüftschwingenden Tänze - und das Zusammensein mit den jungen Inselschönheiten, bekleidet nur mit Baströcken, Blumenkränzen und Perlenketten ... Die Liebe auf Samoa war frei und unschuldig.

Doch über diesem Südseeidyll lagen dunkle Schatten: Mitte der neunziger Jahre spitzten sich die Kämpfe rivalisierender Häuptlinge um die Königswürde ebenso zu wie das Gezerre und Gefeilsche Deutschlands, Englands und Amerikas um die politische und wirtschaftliche Vorherrschaft auf Samoa. Die Situation wurde immer chaotischer und es gab erste Tote. Samoa drohte, seine Uabhängigkeit zu verlieren und zur Beute der Kolonialmächte zu werden. (Im Februar 1900 war es soweit: Das Inselreich wurde aufgeteilt und kurzerhand zum „Schutzgebiet" von Deutschland und den Vereinigten Staaten erklärt.)

Als mehrere Taifune innerhalb von kurzer Zeit ganze Küstenstriche und Plantagen verwüsteten, entschloss sich Theodor Becker, Samoa zu verlassen. In Deutsch-Neuguinea wollte er einen Neuanfang wagen und sich als Pflanzer selbstständig machen. Er würde Kokospalmen anbauen, um Kopra, das getrocknete Mark der Kokosnuss, zu gewinnen. Zerkleinert und gemahlen ließe sich daraus Kokosöl pressen und nach Europa und Nordamerika exportieren. Die Gewinnaussichten waren verlockend.

Da das Handelshaus Godeffroy & Sohn aufgrund von Fehlinvestitionen in den Anbau von Reis und Zuckerrohr in großen finanziellen Schwierigkeiten steckte, hatte es Theodor Becker ein äußerst günstiges Angebot für den Erwerb einer mehrere tausend Hektar großen Kokosplantage gemacht. Die Pflanzung lag im Bismarck-Archipel auf der der Küste Deutsch-Neuguineas vorgelagerten Insel Neupommern. Theodor Becker nahm das Angebot ohne zu zögern an.

Und damit beginnt die Geschichte, die hier erzählt werden soll.

I

Im Juli 1894 begaben sich Theodor Becker und sein Sohn auf die über dreitausend Kilometer weite Reise in ihre neue Heimat auf Neupommern. Von dort aus würde das Schiff weiter über Batavia auf Java bis nach Singapur fahren.

Am Kai von Apia nahm Max Abschied von Lorea, dem Mädchen, mit dem er in den letzten Monaten zusammen gewesen war. Wie immer, wenn der Postdampfer den Hafen verließ, spielte die Königlich-Samoanische Kapelle die bittersüße Melodie, die sich von Hawaii aus über die gesamte polynesische Inselwelt verbreitet hatte:

Aloha Oe, Aloha Oe, e ke onaona ho ika lipo.
Meine Liebe sei bei dir, bis wir uns wiedersehen.

Vom Unterdeck des Schiffs aus warf Max seinen Blumenkranz ins Hafenbecken und winkte Lorea ein letztes Mal zu. Er konnte nicht sehen, dass sie weinte. Sie spürte, dass das Lied log. Es würde für sie kein Wiedersehen geben.

Als Samoa hinter dem Horizont verschwunden war, hatte Max das Gefühl, für ihn würde jetzt ein neues, aufregendes Leben beginnen. Natürlich kannte Max die schaurigen Berichte über Kopfjäger und menschenfressende Papuas auf Neuguinea, doch er hielt das alles für übertrieben. Schließich seien in der deutschen Südseekolonie in den letzten Jahren nur drei Weiße von Kannibalen verspeist worden. Angeblich sei das Fleisch weißer Menschen für den Geschmack der Kannibalen zu salzig.

Und wenn schon, ihn schreckte das nicht. Er werde sich schon zu wehren wissen, war er sich sicher. Und welcher junge Mann träumt nicht heimlich von gefährlichen Abenteuern und mutigen Heldentaten!

Ihm gefiel die Vorstellung, zusammen mit seinem Vater als Kokosölhändler wohlhabend zu werden. Vielleicht könnte er dann sogar eines Tages das Geburtsland seines Vaters und die Reichshauptstadt Berlin besuchen, nach Ansicht vieler Zeitgenossen die modernste und quirligste Metropole der Welt. Dass sein Wunsch schon bald in Erfüllung gehen sollte ahnte er nicht.

Zwei Wochen nach ihrer Abreise erreichten Theodor und Max Becker Neupommern. Das Schiff lief in die

Gazellenbucht ein und nahm Kurs auf Herbertshöhe, den Regierungssitz des Bismarck-Archipels.

Vorbei an den dicht mit Mangroven gesäumten Ufern, steuerte der Dampfer auf eine der Landungsbrücken zu. Es war noch früh am Tag, doch die Sonne brannte schon gnadenlos vom Himmel. Die feuchtschwüle Luft – vor wenigen Minuten hatte sich ein heftiger Gewitterregen über die Küste ergossen – trieb Theodor und Max Becker im Nu den Schweiß aus allen Poren. Von der Reling aus warfen sie einen ersten Blick auf ihre neue Heimat. Viel Betrieb herrschte im Hafen nicht; zwei Schoner, ein kleines Küstendampfschiff, ein Fischerboot und ein paar Kanus, das war alles.

Auch von Herbertshöhe war nur wenig zu sehen; die kleine Stadt lag etwas außerhalb des Hafengeländes. Nur die schwarzweißroten Reichsflaggen, die vor dem Haus des Zollinspektors und dem Gebäude der Norddeutschen Lloyd flatterten, ließen darauf schließen, dass es sich um eine Niederlassung der kaiserlichen Südseekolonie handelte.

Eingerahmt wurde das eher triste Hafenpanorama von drei hohen Bergen, die von Regenwald bedeckt waren. Von einem der Gipfel stieg eine graue Rauchfahne fast senkrecht in die Luft – einer der vielen bis zu zweitausend Meter hohen aktiven Vulkane Neupommerns.

Am Kai warteten Theodor und Max mit ihrem Gepäck auf eine Pferdekutsche, die sie zum Deutschen Hof, einem der beiden Hotels von Herbertshöhe, bringen sollte. Dort angekommen setzten sie sich nach kurzer Verschnaufpause in ihren Zimmern auf die Hotelveranda und ließen sich ein leidlich kühles Bier servieren.

„Du siehst nicht gerade sehr glücklich aus, mein Junge." Theodor Becker hatte gemerkt, dass sein Sohn von der Stadt entäuscht war. In der Tat, verglichen mit Apia und seiner mächtigen Kathedrale, umgeben von gepflegten Wohnstraßen und Plätzen, war Herbertshöhe nur eine Ansammlung armseliger Lagerschuppen, Holzhäuser und Werkstätten. Nur vereinzelt gab es Lichtblicke wie den Regierungssitz, die Kirche oder die kaiserliche Polizeistation. Auch der Deutsche Hof mit seinen zwei Stockwerken und dem flachen Satteldach gehörte zu diesen wenigen hervorstechenden Bauten. Wie viele Gebäude stand das Hotel auf Holzpfählen. Treppen führten zur überdachten Veranda und dem darüber liegenden Stockwerk mit den Zimmern.

Doch was Max am meisten vermisste, war das bunte, heitere Treiben auf den Märkten, das er von Apia kannte. Nur wenige Menschen waren zu sehen, und die Melanesier, die ihnen auf der Fahrt zum Hotel begegnet waren, machten keinen sehr freundlichen Eindruck. Vielleicht lag das aber nur an ihren bärtigen und tätowierten Gesichtern.

„Vergiss nicht, wir sind hier, um Geld zu verdienen", beschwichtigte Theodor Becker seinen Sohn, „und ich bin sicher, wir werden uns in der Gesellschaft der deutschen Pflanzer wohlfühlen."

Früh am nächsten Tag fuhren Theodor und Max Becker mit dem Vertreter von Godeffroy & Sohn zur Plantage. Die Fahrt dorthin dauerte mit der Kutsche eine gute halbe Stunde. Theodor Becker überzeugte sich vom einwandfreien Zustand der Pflanzung und der Gebäude und stellte sich den dreißig chinesischen und malayischen Arbeitern als ihrem neuen Chef vor.

Der Vertrag mit dem Handelshaus wurde mit einem Händedruck besiegelt und später in der Niederlassung der Gesellschaft in Herbertshöhe von beiden Parteien unterschrieben. Alles war perfekt verlaufen.

Theodor und Max zogen tags darauf vom Hotel in das kleine Wohnhaus auf dem Gelände der Plantage.

Dieser Tag sollte der schwärzeste Tag im bisherigen Leben von Max werden.

Die bis zu fünfundzwanzig Meter hohen Kokospalmen standen bis zur Küste wie auf einer Perlenschnur aufgereiht, mit nur schmalen Wegen dazwischen. Theodor und Max spazierten gemächlich durch die Reihen, um sich mit dem Gelände vertraut zu machen. Einmal hörten sie ein sanftes Plopp – eine Kokosnuss war unweit von ihnen auf der Erde gelandet. Max blickte beunruhigt nach oben.

„Keine Angst“, sagte sein Vater schmunzelnd. „Noch nie ist ein Mensch von einer Kokosnuss erschlagen worden, das sind nur Märchen. Die Eingeborenen glauben sogar, dass die Kokos …“ Theodor Becker konnte den Satz nicht beenden. Eine Kokosnuss war ihm auf den Kopf gefallen und ließ ihn ohnmächtig zu Boden sinken. Entsetzt sah Max aus dem Kopf seines Vater Blut sickern. Getrieben von Panik trug er seinen Vater so schnell er konnte zurück zum Wirtschaftsgebäude der Plantage. Einige der chinesischen Arbeiter hatten seine verzweifelten Hilferufe bereits gehört und liefen ihm entgegen. Vorsichtig legten sie Theodor auf den Boden. Er atmete noch, doch sein Atem wurde schwächer und schwächer. Ohne wieder das Bewustsein erlangt zu haben, verstarb Theodor Becker in den Armen seines Sohns.

Vier Tage lang nahm Max von seinem Vater Abschied und sang dabei das traditionelle Gebet, das *Faufetai,* zu den Göttern. Nach samoanischer Sitte versuchte er, in dieser Zeit nicht den Tod des Verstorbenen zu betrauern, sondern für das Leben mit ihm dankbar zu sein. Doch trotz des Trostes, den er in diesem Ritual fand, blieb seine Seele voller Schmerz.

Am Nachmitag des vierten Tages hüllte er den Körper seines Vaters in Palmenblätter, fuhr mit ihm mit einem Kanu weit auf das Meer hinaus und übergab ihn zusammen mit einem Dutzend Blumenkränzen der See. Danach besuchte er in Herbertshöhe die Kirche und zündete für seinen Vater eine Kerze an.

II

In den folgenden Monaten stürzte sich Max so in die Arbeit, als wolle er sich beweisen, noch tüchtiger als sein

Vater zu sein. Zu seinen Arbeitern war er fair und großzügig, und so unterstützten sie ihn tatkräftig. In den Lagerhallen stapelte sich Kopra bis unter die Decke und wartete darauf, verschifft zu werden. Der Wert der von ihm abgeschlossenen Lieferverträge lag deutlich über seinen Erwartungen.

Einigen Siedlern in und um Herbertshöhe, die in erster Linie auf den Anbau von wenig rentablem Kautschuk, Kakao und Kaffee setzten, war der Erfolg des „Mischlings" aus Samoa ein Dorn im Auge. Manche gebrauchten auch das Wort „Kanake" und meinten das sicher nicht in der polynesischen Bedeutung von „Mensch". Zu gern hätten sich einige die in einer fruchtbaren Ebene gelegene Kokosplantage unter den Nagel gerissen. Die Neider verbreiteten sogar das Gerücht, Max habe seinen eigenen Vater umgebracht, um an das Erbe zu kommen.

Max musste erstmals lernen, dass es anscheinend von der Hautfarbe abhängt, ob und wie jemand von den Weißen als Mensch akzeptiert wird. Ihn warf diese Erkenntnis nicht um; sie machte ihn sogar robuster. Er wusste, solange er wirtschaftlich erfolgreich war und er sich auf seine Arbeiter verlassen konnte, wäre er unangreifbar.

Doch dann schlug, wieder einmal, das Schicksal zu. Oder war es gar nicht das Schicksal, sondern ein Halunke aus dem Kreis der Siedler?

„Herr Max, Herr Max!", mit diesem Ruf wurde Max um zwei Uhr morgens von Chen Ping, seinem chinesischen

Vorarbeiter, aus dem Schlaf gerissen. „Die Lagerhalle, Feuer, kommen Sie schnell!"

Max riss das Moskitonetz zur Seite und stürzte aus dem Haus. Mit Schrecken sah er Flammen aus dem Dach einer der kleineren Hallen schießen. Noch dachte er nicht an eine wirkliche Katastrophe. Doch dann trieb der Wind einen Funkenregen zu den großen Lagerhallen hinüber und setzte sie ebenfalls in Brand. Im Nu war der Nachthimmel rot gefärbt. Um das Feuer zu löschen, war es jetzt zu spät. Max fühlte sich wie in einem Alptraum. Eine Jahresproduktion Kopra verbrannte zu Asche; er stand vor dem Ruin.

Die ganze Nacht grübelte er, wie das Unglück passiert sein könnte. Er fand nur eine Erklärung: Brandstiftung. Das könne nur einer von den Pflanzern gewesen sein, die ihn vertreiben wollten, vermutete er.

Am nächsten Morgen berichtete ihm Chen Ping, einer der Arbeiter habe gestern abend jemand um die Hallen schleichen und schnell wegrennen sehen. Der Arbeiter habe nur erkennen können, dass es wohl ein Weißer gewesen sei.

Aus Max' Verzweifelung wurde Wut. Er schwor, sich nicht von den weißen Pfeffersäcken unterkriegen zu lassen, niemals! Er würde weitermachen.

Doch dazu brauchte er Geld. Seine Arbeiter mussten bezahlt und neue Hallen gebaut werden.

Die ortsansässigen Handelsgesellschaften ließen ihn abblitzen; die steckten selbst alle in finanziellen Schwierigkeiten. Max entschloss sich deshalb, den kaiserlichen Landeshauptmann Georg Schmiele in dessen Amtssitz in Herbertshöhe aufzusuchen und um Unterstützung zu bitten. Solange der Posten des Gouverneurs von Deutsch-Neuguinea vakant war, vertrat Schmiele auf Neupommern die Interessen des Deutschen Reichs.

Schmieles Äußeres entsprach dem Rang, den er auf der Insel einnahm: Die Enden seines Schnauzbartes waren sorgfältig hochgezwirbelt, die Hosen steckten in kniehohen schwarzen Stiefeln. Auf seinem Kopf glänzten Schweißperlen. Trotz der stickig-warmen Luft in seinem Büro hatte er die schneeweiße Uniformjacke mit den goldenen Knöpfen nicht abgelegt.

Der Landeshauptmann zeigte großes Verständnis für Max' prekäre Situation; dass das Feuer von einem der deutschen Siedler gelegt worden sei, hielt er aber für ausgeschlossen.

„Mein lieber Herr Becker, ein Brandstifter in unseren Reihen? Das ist unmöglich". Schmiele schüttelte den Kopf. „Vermutlich wollte Sie einer Ihrer Arbeiter ärgern. Unsere farbigen Freunde können ziemliche Kindsköpfe sein, wenn man ihnen nicht ab und zu die Leviten liest."

Max reagierte nicht auf diese Äußerung; er hörte so etwas nicht zum ersten Mal. Er ließ Schmiele weiterreden.

„Aber ich verstehe, dass Sie dringend Geld brauchen und keine Zeit haben, auf die Kreditzusage einer Bank zu warten."

Max nahm die ihm angebotene Zigarre und blickte Schmiele erwartungsvoll an. Der zog erst einmal an seiner Zigarre und blickte dem Rauch wichtigtuerisch nach, bevor er fortfuhr.

„Sprechen Sie mit Baron von Klink, der ist nicht nur einer unserer tüchtigsten Kaffeepflanzer, sondern hat auch beste Verbindungen zur Kolonialabteilung des Auswärtigen Amts. Vielleicht kann er Ihnen helfen. Kommen Sie heute abend in den Wintergarten. Ich werde Sie mit ihm bekannt machen."

„Wintergarten?", Max sah Schmiele fragend an.

„Ja, so nennen wir unseren Biergarten hinter dem Hotel Bismarck. Bei diesem Namen ist die hohe Luftfeuchtigkeit doch gleich viel erträglicher, finden Sie nicht auch?, fragte Schmiele schmunzelnd. „Na ja, Ihnen macht die Hitze wohl nicht so viel aus wie uns."

Kurz nach sieben traf Max im von bunten Lampions in ein warmes Licht getauchten Wintergarten ein. Etwa zwanzig gut gekleidete Herren saßen an mehreren Holztischen und tranken Bier. Es waren augenscheinlich alles Angehörige der kolonialen Elite von Herbertshöhe: Verwaltungsbeamte, Pflanzer und Händler. Die einzigen Frauen, zwei schwarze Melanesierinnen, bemühten sich, die Bierkrüge ständig nachgefüllt zu halten. Dass die beiden Dirndl trugen, sollte wohl für mehr Heimatgefühl sorgen, genauso wie ein einheimischer Akkordionspieler, der die Anwesenden mit deutschem Liedgut unterhielt.

Georg Schmiele ging auf Max zu und führte ihn zu seinem Tisch, an dem Baron von Klink saß. Nach der Begrüßung kam Max sofort zu Sache. Der Baron hörte aufmerksam zu und schaute ihn aus kleinen listigen Augen an. Dass Baron von Klink ein ausgebuffter Geschäftsmann und nicht mehr ganz nüchtern war, erkannte Max sofort. Er musste auf der Hut sein.

„Junger Mann, ich möchte Ihnen ein Angebot machen." Von Klink gluckste vor Vergnügen; er schien mit Max seinen Spaß haben zu wollen. „Lassen Sie uns Vingt et un spielen, Siebzehn und Vier. Kennen Sie das?"

„Natürlich, Herr Baron."

Siebzehn und Vier wurde im ganzen Südpazifik gespielt, auch auf Samoa. Max war darin geübt. Wie beim Pokern kam es in erster Linie darauf an, die Mimik des Mitspielers zu entschlüsseln. Hat der tatsächlich ein gutes oder schlechtes Blatt oder blufft er nur?

„Nun, Herr Becker. Hier ist mein Angebot: Verlieren Sie ein Spiel, überschreiben Sie mir fünfhundert Kokospalmen mitsamt dem Boden. Gewinnen Sie, bekommen Sie von mir fünfhundert Reichsmark. Nach zehn Spielen machen wir Schluss. Sie könnten dann fünftausend Mark gewonnen oder einen Großteil Ihrer Plantage verloren haben. Klingt das fair für Sie?"

Max musste nicht lange überlegen. Fünftausend Reichsmark waren viel Geld; ungefähr soviel hatte sein Vater bei Godeffroy & Sohn im Jahr verdient. Er war sich sicher, mehr als die Hälfte der Spiele zu gewinnen. Trotz des möglichen Verlusts einiger hundert oder tausend Palmen, könnte er mit dem Geld seine Plantage retten.

„Ich bin einverstanden, Herr Baron Wie lauten die Regeln?"

„Wir spielen mit 52 Karten. Das Ass zählt 11, König, Bube und Dame jeweils 10 Punkte. Jeder nimmt zwei Karten vom Stapel und entscheidet, ob er weitere Karten ziehen will. Wer näher an der 21 ist, gewinnt. Wer mehr als 21 Punkte hat, verliert."

Im ersten Spiel hatte Max 19 Punkte, eine Dame und eine Neun. Er deckte sein Blatt auf, der Baron musste das jetzt ebenfalls tun: eine Zehn und eine Fünf - 15 Punkte. Der Baron hatte verloren, Max fünfhundert Mark gewonnen.

Imzwischen hatten sich hinter den beiden viele Männer versammelt, die das Kartenspiel gespannt verfolgten.

Im nächsten Spiel zog Max eine Neun und eine Sieben - 16 Punkte. Der Baron deckte sein Blatt auf - 17 Punkte. Max hatte knapp verloren. Die restlichen acht Spiele verliefen genauso. Immer war der Baron näher an der 21 als Max.

Baron von Klink wirkte siegessicher, fast übermütig.

„Wie wäre es mit einem letzten Spiel, Herr Becker. Alles oder nichts. Gewinnen Sie, bekommen Sie zehntausend Mark. Verlieren Sie, gehört Ihre Plantage mir."

Das war Max' letzte Chance. Würde er sie nicht nutzen, wäre die Plantage verloren. Er hatte keine andere Wahl:

„Gut, Herr Baron, einverstanden. Alles oder nichts. Fangen wir an."

Max zog die erste Karte, eine Acht. Jetzt war der Baron an der Reihe.

Max' zweite Karte war eine Vier – 12 Punkte. Nun zog der Baron seine zweite Karte. Max nahm sich eine dritte Karte. Ihr Wert müsste unter Zehn bleiben, ansonsten hätte er verloren. Er zog eine Zwei – 14 Punkte.

Max würde noch eine vierte Karte brauchen, um näher an die 21 zu kommen. Doch jetzt legte der Baron seine Karten auf den Tisch: 15 Punkte.

Max blickte den Baron erstaunt an. Mit nur 15 Punkten sein Blatt aufzudecken, war ungewöhnlich. Aber Max hatte damit verloren.

Mit Glück war das nicht zu erklären. Er war davon überzeugt, betrogen worden zu sein.

Er drehte sich um und sah, wie ein Mann dem Baron triumphierend zulächelte. Der Kerl muss ihm in die Karten geschaut und seinen Kartenwert mit Hilfe von Zeichen dem Baron verraten haben! Als der Mann Max' Blick spürte, eilte er davon. War das auch der Brandstifter?

Max wollte dem Mann hinterher stürzen, um ihn zur Rede zu stellen. Doch Schmiele hielt ihn am Arm fest.

„Nicht so hastig, mein junger Freund. Solange Sie die Eigentumsübertragung nicht unterschrieben haben, dürfen Sie den Spieltisch nicht verlassen."

„Niemals werde ich unterschreiben!" Max war außer sich. Er zeigte auf Baron von Klink. „Dieser Herr ist ein Betrüger. Sein Komplize ist gerade geflüchtet!"

Schmiele blickt ihn durchdringend an.

„Welche Beweise haben Sie für Ihre ungeheuerliche Behauptung?"

„Fragen Sie die Männer, die hinter dem Baron stehen. Die werden es gesehen haben."

Doch die Männer schüttelten nur verständnislos den Kopf. Max war klar, dass er hier keine Freunde hatte.

Schmiele wurde förmlich. „Kraft meines mir vom Kaiser verliehenen Amtes erkläre ich Baron von Klink zum neuen Besitzer Ihrer Plantage. Und jetzt verschwinden Sie."

„Einen Moment noch, Herr Becker", schaltete sich der Baron ein:

„Sie haben mit Ihrer Beleidigung meine Ehre in den Schmutz gezogen. Wenn Sie ein Mann meines Standes wären, würde ich Sie zum Duell fordern. Aber Sie sind mir das nicht wert."

Die Stimme des Barons wurde drohend:

„Wenn Sie bis morgen früh die Plantage nicht verlassen haben, werde ich Sie wie einen Hund davonjagen lassen."

Die Max zugefügte Demütigung verursachte in ihm Übelkeit; Wut und Ohnmacht ließen ihn kaum klar denken.

Vor dem Hotel wartete Chen Ping mit der Kutsche, und sie fuhren zurück zur Plantage, Max packte ein paar Sachen zusammen und ließ sich dann zum Hafen bringen. So schnell wie möglich wollte er Neupommern verlassen. Wohin? Egal, nur weg. Vielleicht könnte er schon morgen ein Schiff finden.

„Und wir werden Sie wirklich nicht mehr wiedersehen, Herr Max?"

Chen war anzumerken, wie sehr er den Weggang von Max bedauerte.

„So ist es, Chen. Ich wünsche euch allen viel Glück. Wenn ihr etwas von meiner Habe im Wohnhaus gebrauchen könnt, nehmt es euch."

III

Es war zwar schon spät, doch in der Hafenspelunke neben den Lagerhallen herrschte noch Hochbetrieb. Verarmte Pflanzer, Chinesen, Melanesier, arbeitslose Matrosen und Hafenarbeiter standen dichtgedrängt an der Theke und schienen hier auf den nächsten Tag zu warten. Einige noch hoffnungsvoll, die meisten allerdings ohne große Hoffnung. Max gesellte sich dazu und bestellte einen Rum.

Ein gut gekleideter Mann neben ihm, etwa Mitte dreißig, sprach ihn an:

„Sie sehen mit Ihrem Koffer aus, als hätten Sie es eilig, die Insel zu verlassen."

Max verspürte keine Lust auf eine Unterhaltung, er wollte bis zum Morgen bei ein paar Gläsern Rum in Ruhe nachdenken. Doch sein Nachbar ließ nicht locker:

„Wohin soll's denn gehen, mein Freund?"

„Das wird sich morgen zeigen."

Max' Einsilbigkeit schien den Fremden nicht zu schrecken.

„Tja, es gibt angenehmere Orte als Neupommern. Moskitos, Regen, Hitze – und nicht wenige

Halsabschneider. Ich bin froh, dass ich in ein paar Stunden zurück nach Deutschland fahren kann."

Max wurde hellhörig. „Nach Deutschland? Heißt das, morgen läuft ein Schiff nach Deutschland aus?"

„Ja, kurz nach Mitternacht, mit der beginnenden Flut."

Der Mann wandte sich Max zu und reichte ihm die Hand. „Verzeihung, ich habe mich Ihnen nicht vorgestellt. Knut Petersen aus Hamburg."

„Freut mich, ich bin Max Becker, ich komme aus Samoa."

„Becker? Ein ungewöhnlicher Name für einen Samoaner."

„Mein Vater stammte aus Norddeutschland."

Max beschloss, sich auf ein Gespräch mit Petersen einzulassen. Vielleicht ergab sich die Chance, mit an Bord zu gehen. Keinen Tag länger als notwendig wollte er an diesem verdammten Ort bleiben.

„Was hat Sie nach Neupommern verschlagen, Herr Petersen?"

Petersen machte einen seriösen Eindruck und war Max nicht unsymphatisch.

„Ich habe im Auftrag der großen Ersten Deutschen Kolonialausstellung acht Melanesier rekrutiert, die in Berlin Kultur und Gebräuche der Papuas von Deutsch-Neuguinea demonstrieren sollen", erklärte Petersen. „Andere Eingeborene werden aus aus unseren Kolonien in Kamerun, Togo, Südwest- und Ostafrika erwartet."

„Das klingt wie ein Spektakel zur Belustigung des Volkes."

„Nein, die Kolonialausstellung ist mehr als eine exotische Völkerschau. Sie dient in erster Linie wissenschaftlichen Zwecken. Und natürlich auch der Volksbildung."

... und der Volksbelustigung, dachte Max. Wie „Buffalo Bill's Wild West Show", von der er irgendwo gelesen hatte.

„Klingt interessant. Ich wünschte, ich könnte auch nach Deutschland reisen. Aber der Fahrpreis übersteigt meine momentanen finanziellen Möglichkeiten."

„Ich weiß", sagte Petersen.

„Sie wissen das? Woher?"

„Ich war auch im Wintergarten. Ich habe gesehen, wie man Sie reingelegt hat."

„Tja, und nun bin ich pleite." Max starrte in sein leeres Glas.

Petersen wartete einen kleinen Moment Dann machte er einen Vorschlag, der Max aus seinen düsteren Gedanken riss.

„Einer der acht Melanesier wurde leider plötzlich krank und musste ins Hospital. Ich könnte Ihnen sein Ticket überlassen."

Für einen Moment war Max sprachlos..

„Wie darf ich das verstehen? Sie würden mir die Überfahrt spendieren?"

„Ja. Allerdings erwarte ich dafür einen Gefallen von Ihnen."

„Und welchen?", fragte Max misstrauisch.

„Ich habe mich gegenüber den Veranstaltern verpflichtet, acht Melanesier zu rekrutieren. Nur so bekäme ich mein volles Honorar. Sie müssten also den achten spielen."

„Was?" Max verschlug es erneut die Sprache. „Ich bin Polynesier aus Samoa. Kein Melanesier. Und dazu noch ein Halbblut. Ich kann auf einem Holzbrett elegant über Wellen reiten, aber nicht mit Pfeil und Bogen umgehen."

„Glauben Sie mir, Herr Becker. Mit einem Tuch um den Hüften, ein paar Muschelketten um den Hals, einem Federbusch auf dem Kopf und einem Speer in der Hand würde selbst unser Kaiser wie ein waschechter Papua-Krieger aussehen."

Das hörte sich verrückt an, doch Max wollte weg.

„Und wie geht es in Deutschland weiter?", fragte er. Sein Interesse war erwacht..

„In Hamburg verlassen wir das Schiff und fahren nach Berlin. Dort würde die Ausstellungsleitung Ihnen und Ihren sieben, ich sage schon mal, Landsleuten die Quartiere zuweisen. Ich bekäme mein Honorar, und Sie entscheiden sich zu bleiben oder zu gehen. Niemand könnte Sie zwingen, bei der Ausstellung bis zum Schluss mitzumachen."

Wenn Max bliebe, bekäme er für den achtmonatigen Aufenthalt Lohn, Unterkunft und Verpflegung, dem mitteleuropäischen Wetter entsprechende Kleidung, permanente medizinische Betreuung und die Fahrkarte für die Rückreise.

„Und selbstverständlich dürften Sie sich wie auch alle anderen außerhalb der Ausstellungszeiten in der Reichshauptstadt frei bewegen."

Max zögerte etwas, dann willigte er ein.

Die beiden Männer machten sich auf den kurzen Weg zum Landungssteg und betraten das Schiff, einen kleineren Frachtdampfer mit einem Schornstein und zwei Masten.

Die *MS Salier* der Norddeutschen Lloyd war mit einer Ladung Schafs- und Baumwolle aus Sydney gekommen und bereitete jetzt die Abfahrt nach Hamburg vor. Die sieben Melanesier, befanden sich bereits an Bord. Ebenso eine große Kiste mit Utensilien wie Papuamasken, Kopfhauben aus den bunten Schwanzfedern von Paradiesvögeln, Kriegskeulen, Speeren, Trommeln und Muschelschmuck.

Dreimal ertönte das sonore Tuten des Signalhorns, dann fuhr der Dampfer aus der Bucht heraus und in die Weite des Pazifischen Ozeans.

IV

Die Fahrt sollte über Batavia, Singapur und Colombo in den Golf von Aden führen, weiter ginge es durch das Rote Meer und den Suezkanal ins Mittelmeer und über Gibraltar in den Atlantik nach Hamburg. Für die gesamte Fahrt würde das Schiff je nach Wetterbedingungen und Aufenthaltsdauer in den Häfen zwischen achtzig und neunzig Tage benötigen.

Nach zwei Wochen erreichte die *Salier* Batavia auf Java. Max und seinen sieben „Landsleuten" war es allerdings nicht gestattet, während der Liegezeit in den

Häfen von Bord zu gehen. Meist würde die *Salier* für ein bis zwei Tage vor Anker liegen, seltener für nur wenige Stunden.

Viel zu sehen gab es nicht; manchmal tagelang nur Wasser und ab und zu einen Frachtsegler oder einen Dampfer.

Max und die Melanesier waren im Zwischendeck untergebracht worden. Vierzig Schlafkojen, ohne Trennwände, standen hier den Passagieren der dritten Klasse zur Verfügung und entsprechend stickig war die Luft. Petersen hatte Max angeboten, mit ihm seine Kabine zu teilen, doch er hatte dankend abgelehnt. Wie die Melanesier zog er es vor, in den warmen Tropennächten in den Liegestühlen auf dem Oberdeck zu schlafen.

Abwechselung wie die großen Überseedampfer bot die *Salier* nicht. Sie war eben ein Schiff, das in erster Linie für die Beförderung von Fracht, aber nicht von Passagieren gedacht war. Neben dem Speisesaal standen den Fahrgästen eine kleiner Leseraum und ein Salon zur Verfügung. Das war alles.

Die Melanesier verhielten sich Max gegenüber zunächst sehr reserviert. Sie kamen alle aus der Tolai-Region im Osten von Neupommern und hatten dort als Handwerker, Bauern und Fischer für eine evangelische Missionsstation gearbeitet. Neben ihrer eigenen Stammessprache sprachen sie recht gut Deutsch. Sie waren natürlich keine „Wilden“ mehr, beherrschten aber viele der traditionellen Rituale und Zeremonien der Eingeborenen von Neuguinea.

Es waren kräftige, gesunde Burschen, alle zwischen zwanzig und dreißig, getauft und geimpft. Gelockt hatte sie der hohe Lohn für die acht Monate in Berlin.

Ihr Sprecher war Häuptling Tokinkin, der davon beeindruckt war, dass Max nach nur einem Tag ihn und seine sechs Gefährten - Topalanga, Tokulap, Taolutte, Tinai, Taoraginge und Taoluna - mit Namen anreden konnte.

„Für die weißen Herrschaften sehen wir alle gleich aus“, hatte Tokinkin gemeint.

Es dauerte eine Zeitlang, bis die Melanesier Max gegenüber ihr Misstrauen überwunden hatten. Für sie war er anfangs wie ein Weißer, der sie kontrollieren sollte. Erst nach vielen Gesprächen merkte Häuptling Tokinkin, dass Max ihm die Anführerrolle nicht streitig machen wollte. Es entwickelte sich sogar fast ein freundschaftliches Verhältnis.

Mit ein paar seiner Zaubertricks gelang es Max, die anderen, recht schüchternen Melanesier zum Staunen und sogar zum Lachen zu bringen. So ließ er in seiner Faust eine Geldmünze verschwinden und zog sie aus dem Ohr eines seiner neuen Kameraden wieder heraus. Das Eis war damit gebrochen, und Max wurde von ihnen als „Stammesbruder“ akzeptiert.

Die Melanesier zeigten ihm auf dem Vorderdeck, wenn die Passagiere schon oder noch schliefen, wie man mit dem Netz oder mit dem Speer Fische fangen würde und übten mit ihm Tänze, Gesänge und Kriegsspiele ein. „Das ist es, was die Ausstellungsbesucher in Berlin von euch erwarten“, hatte Petersen gesagt.

Trotz dieser Aktivitäten zog sich die Reise schier endlos hin. Daran änderte auch das tägliche Schachspiel mit Petersen nach dem Abendessen nichts.

Ein Lichtblick war für Max die kleine Bibliothek. Er entdeckte zum ersten Mal die Welt der Literatur und tauchte tief in die Romane von Schriftstellern wie Jules Verne, Jack London, Alexandre Dumas und Charles Dickens ein. Sein eigenes Leben schien ihm angesichts der dort geschilderten Schicksale gar nicht mehr so absonderlich zu verlaufen.

Immer war er der einzige in der Bibliothek. Doch an einem Nachmittag, das Schiff passierte gerade den Suezkanal, bekam er Gesellschaft:

Eine sehr hübsche junge Dame, die ihm schon öfter aufgefallen war, kam herein, grüßte kurz und suchte im Regal unschlüssig nach passender Lektüre. Max war natürlich nicht verborgen geblieben, dass auch sie ihn öfter aus den Augenwinkeln beobachtet hatte, wenn er auf dem Oberdeck in seinem weißen Anzug seinen täglichen Spaziergang machte. Sie anzusprechen, hatte er sich nicht getraut. Er spürte, dass die streng blickende ältere Dame, die nie von ihrer Seite wich, das missbilligen würde. Doch jetzt war das schöne Fräulein allein. So fasste er sich ein Herz, erhob sich aus seinem Lesesessel und sprach sie an:

„Verzeihen Sie, Mademoiselle. Darf ich Ihnen ein Buch empfehlen?"

Im gleichen Moment schämte er sich für seine plumpe Gesprächseröffnung. Doch wider Erwarten ging sie auf sein Hilfsangebot ein.

„Das wäre nett. Was würden Sie mir denn empfehlen?“, sagte sie auf Deutsch.

„Wie wäre es mit Robinson Crusoe?“ Ein anderer Titel fiel ihm auf die Schnelle nicht ein.

„Warum gerade Robinson Crusoe?“

Oh Gott, was könnte er nur antworten?

„Der Roman, äh ein Seemann, handelt von einer Schiffsreise“, stammelte er verunsichert. Verdammt, dachte er, das scheine ich ja gerade gründlich zu vermasseln.

Die junge Dame blickte ihn spöttisch an.

„Welch passende Lektüre für eine Fahrt über den Ozean. Erleidet Robinson nicht Schiffbruch und strandet auf einer Insel?“, fragte sie lächelnd

Max merkte, wie er rot wurde. Ihr natürliches Selbstbewusstsein irritierte ihn.

Sie berührte fast unmerklich seinen Arm. „Ach, kommen Sie, legen Sie Ihr Buch beiseite. Lassen Sie uns ein Stück auf der Promenade gehen. Ich weiß doch, dass es für Sie hier auf dem Dampfer genauso langweilig ist wie für mich.“

„Und Ihre ständige Begleiterin? Ist die heute nicht dabei?“

„Tante Cosima? Nein, die ruht in der Kabine. Ich musste ihr versprechen, nicht lange wegzubleiben. Sie ist immer so besorgt um mich. Manchmal auch zu besorgt.“

Bei ihrem Spaziergang über das Promenadendeck erfuhr er, dass sie Marie Berben hieße und zusammen mit ihrer Tante für den Deutschen Frauenverein für ein

Jahr auf Neupommern in der Missionsstation von Rabeul gearbeitet habe.

Marie war gerade siebzehn geworden. Sie wohnte bei ihrer Tante in Hamburg und wollte nach der Rückkehr dort eine Ausbildung zur Krankenschwester beginnen.

Max war von ihrer Zielstrebigkeit und Direktheit fasziniert - und von ihrem hübschen, engelsgleichen Gesicht, das rotblonde Locken umrahmten. Sie kokettierte nicht mit dem schüchternen Augenaufschlag einer wohlerzogenen Tochter, sondern blickte Max offen an.

„Sie wissen jetzt so viel über mich. Jetzt müssen Sie mir erzählen, was Sie in Neupommern gemacht haben", sagte sie und brachte Max damit in Verlegenheit. Was sollte er antworten? Dass er aus Herbertshöhe fast mittellos flüchten musste und er demnächst in Berlin in die Rolle eines wilden Papuas schlüpfen würde? Nein, das ginge nicht.

„Ich habe die Kokosplantage, die mir mein Vater hinterlassen hat, verpachtet und werde jetzt in Hamburg oder Berlin eine Importfirma gründen. Die Nachfrage nach Kokosöl steigt von Jahr zu Jahr."

„Das klingt großartig", sagte Marie. „Woher stammte Ihr Vater?"

„Aus Emden. In Samoa heiratete er eine einheimische Prinzessin, meine Mutter. Beide sind schon vor längerer Zeit gestorben."

An den folgenden drei Tagen, wenn Tante Cosima ihr Mittagsschläfchen hielt, trafen sich Max und Marie auf dem Promenadendeck oder in der Bibliothek. Sie genossen ihr Zusammensein wie zwei übermütige Kinder. Heimlich schlichen sie sich in alle verbotenen Winkel des Dampfers, immer auf der Hut vor der Besatzung. Sie schafften es sogar, in die Laderäume vorzudringen.

In einem großen Korbkoffer entdeckte Max das Kriegsgerät der Melanesier. Er setzte sich eine Papuamaske auf und wollte damit Marie erschrecken. Als sie ihn sah, lief sie kreischend davon. Das hatte er nicht gewollt, doch Maries Kreischen entpuppte sich zu seiner Erleichterung als das vergnügte Jauchzen eines jungen Mädchens.

In diesen unbeschwerten Stunden am Nachmittag vergaß Max seine Trauer und Wut über das, was ihm widerfahren war.

Am vierten Tag wartete Max in der Bibliothek auf Marie. Sie kam herein, und als er sie sah, war sie für ihn nicht mehr die Spielkameradin. Er hatte sich in sie verliebt. Marie fühlte, dass etwas zwischen ihnen anders war. Die Art, wie er sie anblickte, verwirrte sie. Dennoch lag auch etwas Verlockendes darin.

Sie sah ihn lange an:

„Magst du mich?“, fragte sie flüsternd, obwohl sie die Antwort wusste.

Max sagte nichts, er küsste sie sanft auf den Mund. Sie ließ es geschehen; zum ersten Mal in ihrem Leben spürte sie einen Kuss, der ihr als Frau galt …

Plötzlich wurde die Tür aufgerissen. Tante Cosima, bebend vor Zorn, stürzte herein und riss Marie weg.

„Das habe ich mir gedacht", schrie sie Max an. „Das könnte Ihnen so passen, ein unschuldiges weißes Mädchen zu verführen, Sie, Sie, Sie … Wüstling!"

Sie packte Marie am Arm und ließ Max fassungslos in der Bibliothek zurück.

Noch am selben Abend überbrachte ihm ein Steward eine schriftliche Nachricht vom Kapitän. Max solle es unterlassen, sich Fräulein Berben zu nähern. Verstieße er gegen diese Anordnung, müsse er im nächsten Hafen das Schiff verlassen.

Damit war die Romanze, bevor sie richtig beginnen konnte, bereits wieder beendet - und Max musste zum ersten Mal erfahren erfahren, wie sehr eine unerfüllte Liebe schmerzen kann.

Manchmal sah er Marie ihn von Weitem verstohlen anlächeln, aber das war alles. Rigoros unterband Tante Cosima jeden Kontaktversuch.

Endlich, am 16. April 1896, traf die *MS Salier* bei kühlem Wetter im Hafen von Hamburg ein. Knut Petersen und seine acht „Südseeinsulaner", europäisch gekleidet in wärmenden dunkelbraunen Jacken, Hemden und Hosen, fuhren mit der Eisenbahn sofort weiter nach Berlin.

V

Vor dem Lehrter Fernbahnhof, unweit vom Deutschen Reichstag, bestieg die Gruppe eine von einem Pferdegespann gezogene Straßenbahn und nahm auf dem offenen Oberdeck Platz. Ihr Ziel war das Ausstellungsgelände im Treptower Park.

Das, was sie auf der Fahrt durch Alleen und Straßen und über Brücken und Plätze sahen, raubte ihnen den Atem.

Petersen versuchte, ihnen zu erklären, welche Gebäude die Bahn passierte - das Brandenburger Tor, das Schloss des Kaisers, den Berliner Dom –, doch die Worte rauschten ungehört an ihnen vorbei. Zu unerwartet war für sie die Szenerie vor ihren Augen: Omnibusse, Pferdebahnen. Handkarren, Kutschen, Fuhrwerke und elektrisch betriebene Schienenbahnen verstopften die Straßen der Innenstadt, Passanten hetzten über die Gehsteige, dazu der hämmernde Baulärm und unaufhörliches Gehupe und Gebimmel - das alles wirkte auch auf Max verstörend. Die Stadt schien wie ein lebender Organismus in ständiger Bewegung zu sein.

Sofort nach ihrer Ankunft auf dem Gelände der Kolonialausstellung gingen sie in die sogenannte Arabische Stadt, nicht mehr als eine Ansammlung orientalisch anmutender Gebäude rings um einen freien Platz. Sie bezogen ein einfaches, zweckmäßig eingerichtetes Haus, das neben den Gebäuden lag, in denen die Afrikaner und Suaheli untergebracht waren.

Petersen nahm Max beiseite.

„Max, ab jetzt sind Sie für die Leitung der Kolonialaussrellung ein Papua, ein Ureinwohner von Neuguinea. Ich habe erklärt, Ihr Name sei Taoluna.“

„Taoluna?“, fragte Max irritiert.

„Ja. So hieß der Bursche, den wir in Neupommern zurücklassen mussten. Sie bekommen morgen von mir eine Bescheinigung, die Ihre neue Identität bestätigt. Damit sind Sie ein Untertan des Deutschen Reichs."

Das war Vater auch, dachte Max und spürte fast Heimatgefühle.

„Haben Sie sich schon entschieden, ob Sie hier bleiben wollen?", fragte Petersen.

„Ja, das muss ich wohl. Wohin sollte ich sonst ohne Geld?"

„Sie haben recht. Und spätestens Ende des Jahres sind Sie ja wieder in der Südsee. Genießen Sie solange den Aufenthalt in Berlin."

Und damit verabschiedete sich Petersen.

Am nächsten Morgen begrüßte der Vorsitzende des Ausstellungsausschusses auf Deutsch die „lieben Landsleute aus unseren afrikanischen und südpazifischen Kolonien" und führte sie anschließend persönlich über das Gelände der Großen Berliner Gewerbeausstellung, von der die Kolonialausstellung ein Teil war. Auf über einem Quadratkilometer zeigten Handel und Industrie in Hallen und Pavillons einen Querschnitt ihrer Leistungen. „Damit überbieten wir sogar fast alle bisherigen Weltausstellungen", sagte der Direktor stolz.

Eröffnungstag sei in zwei Wochen, „in Anwesenheit des Kaisers". Dann würde auch für die Unterhaltung und das Vergnügen der Besucher gesorgt sein, erklärte er weiter. Besondere Attraktionen seien Nachbauten eines Stadtviertels von Alt-Berlin und von Kairo, eine dreißig Meter hohe ägyptische Pyramide und ein Vergnügungspark. Zahlreiche Gastronomiebetriebe böten drinnen und draußen Platz für die erschöpften Besucher. Sogar ein künstlicher See sei angelegt worden, mit einem siebzig Meter hohen Wasserturm und einem Restaurant am Ufer.

Danach ging es weiter zum benachbarten Gelände der Kolonialausstellung, also zum „Arbeitsplatz" der über einhundert Eingeborenen aus Schwarzafrika und Neuguinea. Auf einem sieben Hektar großen Areal am Rande eines großen Sees mit einem Zufluss zur Spree wurde mit dem Nachbau afrikanischer und südpazifischer Hütten und Häuser versucht, einen authentischen Eindruck von der Lebensweise der Eingeborenen in den Kolonien zu vermitteln.

Der Direktor machte seine Schützlinge, wie er sie nannte, schon mal mit dem Ablauf eines normalen Ausstellungstags vertraut. Abschließend gab der Direktor seinen „lieben schwarzen Freunden" noch einen Rat:

„Lasst euch beim Kochen, Essen, Tanzen und Handwerkeln von den vielen Besuchern nicht stören. Seid immer freundlich und geduldig. Zeigt, dass ihr das Geld und die Mühe, die der Kaiser in die Entwicklung der Kolonien gesteckt hat, wert seid."

Zusammen mit seinen Gefährten machte Max einen Rundgang durch ihr „Südseedorf".

Zwischen dem dichten Grün von Bäumen, Büschen und künstlichen Palmen hatten die Veranstalter am Ufer des Sees ein wirklich beeindruckendes Ensemble verschiedener Haustypen Neuguineas hingestellt: ein Langhaus mit einem an den seitlichen Enden hochragenden zugespitzten Dachfirst, ein Ahnen- oder Totenhaus, dessen mit Palmenblättern bedecktes Dach fast bis zum Boden reichte, ein im Wipfel einer Eiche errichtetes Baumhaus, zwei im Wasser stehende Pfahlbauten und ein paar Hütten, in denen sich neben Auslegerbooten und Kanus und den für die Jagd auf Fische benötigten Netzen und Speeren auch Schleudern und Keulen befanden.

Mit der grellbunten Bemalung der Giebel, den grotesken Holzschnitzereien und den im Innern der Häuser angebrachten Götzenbildern, Masken, Tier- und sogar Menschenschädeln wirkte die Echtheit des Dorfs selbst auf die Melanesier fast unheimlich. Dass es hier keine Moskitos, Giftspinnen und totbringenden Schlangen gab, fanden sie aber sehr beruhigend.

In der Zeit, die bis zur Ausstellungseröffnung verblieb, übten die Melanesier mit Max verschiedene Kriegstänze ein. Sie verwandelten ihn dazu in einen Papua-Krieger:

Um Max' Hüften baumelte ein rotbraunes Tuch, das von einem mit Perlen bestickten Gürtel gehalten wurde. Den Hals und den nackten Oberkörper schmückten prächtige Muschelketten, Arme und Beine mehrere Reifen. Auf dem Kopf trug er eine Art Krone aus Vogelknochen, darüber einen Federbüschel. Häuptling Tokinkin war aber erst mit Max' Erscheinung zufrieden, nachdem er dessen Gesicht mit schwarzen und roten Streifen bemalt hatte. Mit der Keule in der einen und dem Speer in der anderen Hand sah er in der Tat furchterregend aus, doch als er sich in einem Spiegel betrachtete, musste er lauthals lachen.

Was wohl Marie sagen würde, wenn sie ihn so sehen könnte! Im selben Moment spürte er wieder den bitteren Schmerz in seinem Herzen. Marie – er würde sie nie vergessen können.

Tokinkin ermahnte ihn, bei der Vorführung ernst zu bleiben: „Als Krieger muss allein dein Blick schon Angst und Schrecken verbreiten. Also reiße Mund und Augen groß auf!"

Es kam der 1. Mai 1896, der Eröffnungstag, den auch die Berliner Presse feierte:

Tausende drängten sich vor dem Hauptgebäude zusammen, um die Ankunft des Kaiserpaars zu beobachten. Das Kaiserpaar durchwanderte die Gewerbeausstellung und wandte sich dann dem malerischen Kairo zu, um ein arabisches Reiterspiel zu verfolgen. Mit gleicher Anteilnahme besuchten die hohen Herrschaften die Kolonialausstellung und schauten einem Kriegsspiel der Massai und dem Feuertanz von scheinbar aus der Steinzeit kommenden wilden Papuas zu. Mehrfach äußerte der Kaiser seine große Befriedigung über das gelungene Werk der Veranstalter.

Die Melanesier, denen Max den Zeitungsartikel vorlas, hatten längst begriffen, welche Rolle sie auf der Ausstellung spielen sollten. Sie würden dem Kaiser zu Ehren einen schwarzen Afrikaner fangen und verspeisen, sagten sie sarkastisch.

Etwas Abwechslung in die Monotonie des immer gleichen Tagesablaufs brachten die Abende:

Sobald die letzten Besucher das Gelände verlassen hatten, trafen sich Schwarzafrikaner, Hereros, Suaheli und Melanesier auf dem Marktplatz der Arabischen Stadt. Bis spät in die Nacht wurde gemeinsam gesungen und gelacht, ertönten die Klänge einer Trommel, Violine oder einer Querpfeife. Einmal schlachteten die Suaheli einen Hammel; einträchtig saßen alle am Holzfeuer und genossen den köstlichen Braten. Doch auch das verhinderte nicht, dass viele wehmütig an die so ferne Heimat und ihre Lieben denken mussten. Und auch die Gedanken von Max wanderten immer wieder sehnsüchtig zu Marie. Ob sie ihn schon vergessen hatte? Vielleicht war er für sie ja nur ein harmloser Flirt gewesen.

So vergingen die Tage, und Max begann, den Oktober herbeizusehnen, wenn die Ausstellung ihre Pforten schließen würde. Wie es weiterginge, wusste er noch nicht. Sollte er in Deutschland bleiben, ein Handwerk erlernen oder vielleicht bei einer Handelsgesellschaft anfangen? Oder wieder zurück nach Samoa fahren? Doch war Samoa noch das idyllische Südseeparadies, das er aus seiner Jugend kannte?

Dann, an einem späten Sonntagnachmittag im Juli, änderte sich für Max alles.

VI

Gegen siebzehn Uhr nahmen einige Herren der Kolonialgesellschaft und der Kolonialabteilung des Auswärtigen Amts in der Araberstadt in der ersten Reihe der Tribüne Platz, ihre begleitenden Damen in der zweiten Reihe. Sie sollten sich bei dem folgenden Spektakel sicher fühlen, einer mysteriösen Zeremonie aus Neuguinea - dem Duk-Duk-Tanz eines Schamanen. Häuptling Tokinkin hatte vom Stammesältesten im neupommerschen Tolai die Erlaubnis bekommen, in Berlin als Duk-Duk-Tänzer aufzutreten.

Tokinkin trug jetzt, kurz vor der Aufführung, einen weiten Umhang aus grünen Blättern, der bis zu den Knien reichte. Sein Gesicht verbarg sich hinter einem spitzen Helm, der weit über den Kopf hinausragte und mit Federschmuck gekrönt war. Der Helm hatte runde Aussparungen für die Augen, ein sichelförmiger Mund war auf dem schwarzen Untergrund gemalt - eine ebenso eindrucksvolle wie furchterregende Maskerade. Hinter Tokinkin standen fünf Papuakrieger, darunter Max, flankiert von zwei Melanesiern mit Trommeln. Gespannt erwarteten die Herrschaften auf der Tribüne den Beginn der Vorführung.

Mit monotonem Gesang, begleitet von dumpfen Trommelschlägen, setzten die Krieger sich tänzelnd in Bewegung. Plötzlich löste sich einer aus der Gruppe und sprang in einem wilden Satz, seinen Speer zum Wurf erhoben, dicht vor die Tribüne. Dann zog er sich in die Reihe zurück und der nächste Krieger stürzte schreiend nach vorn, eine Kriegskeule schwingend. Tokinkin drehte sich unterdessen ohne Unterlass um seine eigene Achse und geriet zunehmend in Ekstase. Der Rhythmus der Trommelklänge wurde schneller. Dies übertrug sich auf die Krieger; ihre Aktionen wurden für die Zuschauer immer bedrohlicher, als sei aus dem Spiel ernst geworden. Einige Herren in der ersten Reihe blickten besorgt, andere ängstlich. War der Tanz außer Kontrolle geraten? Doch jetzt hob Tokinkin beide Arme und sofort hörte jede Bewegung auf. Die Gruppe verneigte sich und verließ unter Beifall den Platz vor der Tribüne.

Eine vielköpfige Kapelle begann, die Zuschauer mit preußischer Marschmusik zu unterhalten.

Häuptling Tokinkin war mit der Vorstellung von Max hochzufrieden:

„Du hast dich verhalten wie ein echter Papuakrieger. Es sah aus, als wolltest du den einen weißen Mann in der ersten Reihe mit deiner Axt erschlagen."

Max legte langsam den Kriegsschmuck ab. Tokinkin sah, dass er am ganzen Körper zitterte.

„Das hätte ich auch fast getan. Denn ich kenne diesen Mann. Er hat mich um meine Plantage betrogen."

Max hatte in der ersten Reihe Baron von Klink erkannt. Er war es gewesen, ohne Zweifel. Max musste tief durchatmen.

Sollte er zu ihm hinlaufen? Und was dann? Er blickte zur Tribüne. Die Damen und Herren hatten ihre Plätze verlassen und kamen langsam auf die Melanesier zu geschlendert. Eine junge Dame mit einem Sonnenhut, die in der zweiten Reihe gesessen haben muss, lief auf den

Baron zu und hakte sich bei ihm ein. Als die Gruppe näherkam, erkannte Max sie sofort. Es war Marie!

Sein Herz schlug bis zum Hals. Was hatte Marie, an die er seit der Begegnung auf dem Schiff nicht aufhören konnte zu denken, mit dem Mann zu tun, der sein Feind war?

Marie hatte sich inzwischen vom Baron gelöst und sich den hinter den Männern laufenden Damen angeschlossen. Baron von Klink ging an Max vorbei, ohne ihn zu erkennen. Die Damen folgten – Max' und Maries Blicke trafen sich. Sie starrte ihn mit aufgerissenen Augen fassungslos an. Konnte dieser Papuakrieger wirklich Max sein? Erst als Max ihren Namen flüsterte, wusste sie, dass er es war. Sie schaffte es, sich nichts anmerken zu lassen und nickte ihm nur kurz zu.

Max hörte noch eine der Damen kichernd sagen „Na, Marie, der junge Wilde hat dir wohl gefallen", dann war die Gruppe vorbei.

Nachdem sich Max beruhigt hatte, stand es für ihn fest: Er würde den Baron nicht einfach so davonkommen lassen. Und er würde versuchen, Maries Liebe zu gewinnen. Er wollte mit ihr zusammen sein. Für immer.

Er war fest davon überzeugt, dass Marie am nächsten Morgen im Südseedorf auftauchen würde, um mit ihm zu reden.

Nicht lange nach der Öffnung der Eingänge stand Marie tatsächlich vor ihm. Sie waren am See allein und setzten sich auf eines der Kanus am Ufer. Marie trug ein langes tailliertes Sommerkleid und darüber eine dunkelrote

Bolero-Weste. Max schämte sich für seine ihm von der Ausstellungsleitung überlassene einfache Kleidung, eine derbe Hose und eine braune Wolljacke.

Marie schien das nicht zu bemerken. Sie blickte ihm lange fragend in die Augen und hauchte ihm einen Kuss auf die Wange.

Max hatte beschlossen, ihr alles zu erzählen, was auf Neupommern geschehen war. Doch zuvor wollte er wissen, in welcher Beziehung sie zu Baron von Klink stand.

„Onkel Julius, also der Baron, ist mein Stiefonkel. Er hatte Tante Cosima und mir die Stelle in der Missionsstation vermittelt. Er hat hier in Berlin eine Wohnung. Für ein paar Tage sind wir bei ihm zu Besuch."

Das würde die Sache nicht einfacher machen, dachte Max. Wie sollte er von dem Baron sein Recht einfordern, ohne Marie mit reinzuziehen?

„Max, nun erzähle schon, was ist mit dir passiert? Hattest du mir auf dem Schiff etwa Märchen erzählt?"

„Nein, das heißt, ich habe dir nicht die volle Wahrheit gesagt. Bitte lass es mich dir erklären."

Nachdem Max mit seinem Bericht fertig war, blickten beide schweigend auf den See hinaus.

„Was willst du jetzt tun?", fragte Marie, „dich mit meinem Onkel duellieren?"

„Um Gottes willen, natürlich nicht. Ich will, dass er seinen Betrug zugibt und mir meinen Besitz zurückgibt."

„Ich verstehe dich gut, Max. Doch ich kann dir dabei nicht helfen. Julius ist schließlich mein Onkel. Ich weiß natürlich, dass er ein Filou und ein Spieler ist. Aber ein Betrüger? Das hätte ich nie gedacht. Bist du dir sicher?"

„Ja, Marie."

„Du hättest nicht mit ihm spielen sollen."

„Ich weiß, doch soll ich die ganze Sache auf sich beruhen lassen und ihn davonkommen lassen?"

„Warum nicht. Lass ihn doch mit deinen Kokosnüssen glücklich werden. Fahre zurück in die Südsee und fange noch einmal von vorn an. Und wenn du willst, begleite ich dich, selbst wenn es ans Ende der Welt ginge. Meine Eltern sind schon lange tot, und Geschwister habe ich nicht. Ich bin frei, mit dir zu leben, wo auch immer."

Marie ergriff seine Hand und sah ihn zärtlich an.

Da saßen sie nun; zwei ratlose, verliebte junge Menschen, sie gerade einmal siebzehn Jahre, er zweiundzwanzig Jahre alt. Wie es nun weitergehen sollte, wussten sie nicht.

Max erhob sich und zog Marie zu sich heran. Er nahm ihr Gesicht in seine Hände und küsste ihre Lippen.

„Ich werde dich jetzt zum Ausgang begleiten, Marie. In einer Stunde führen wir den Feuertanz vor. Ich kann meine Kameraden nicht warten lassen."

Kaum hatte Max das gesagt, merkte er, wie lächerlich das klang. Er war Pflanzer und Händler, kein Wilder. Ihm wurde schlagartig klar, dass er die Ausstellung verlassen musste. Sollte er etwa noch drei Monate länger den tanzenden Papuakrieger spielen? Nein, keinesfalls. Schon morgen würde er seinen Vertrag kündigen.

Marie blickte ihn erst überrascht an, als sie seinen Entschluss hörte, dann reagierte sie fast euphorisch:

„Du hast recht. Das hier ist kein Ort für dich. Ich bin so froh, dass du aufhören willst. Wir hätten so auch mehr Zeit für uns." Sie lächelte ihn an. „Und ich kann dich auch wieder in deinem schönen weißen Anzug sehen."

Sie verabredeten, sich am nächsten Tag nach der Nachmittagsvorstellung der Melanesier auf der Terrasse des Restaurants am See zu treffen. Max hoffte, bis dahin mit der Ausstellungsleitung einig geworden zu sein.

Am Abend holten ihn die Sorgen ein. Ob in Deutschland oder in Übersee, womit sollte er Geld verdienen? Er hatte nicht vergessen, dass er ein Halbblut war und in Deutschland auch auf Ablehnung und Feindseligkeit stoßen würde. Marie war selbstbewusst, aber war sie auch stark genug, damit umzugehen? Könnte Deutschland für sie beide wirklich eine gemeinsame Heimat sein? Samoa wäre es sicherlich nicht; die Zukunft des Inselreichs sah düster aus. Und überhaupt, wenn er morgen seine Unterkunft verlassen würde, wo sollte er wohnen? Noch hatte er Geld, doch das reichte bestenfalls für zwei oder drei Wochen. Und Baron von Klink sah nicht so aus, als wollte er freiwillig den Betrug wiedergutmachen.

Zum Schlafengehen war es noch zu früh. Seine Grübeleien würden ihn sowieso keine Ruhe finden lassen.

Auf dem Platz vor den Unterkünften brannte wie jede Nacht das große Lagerfeuer. Max ging zu den Melanesiern und setzte sich zu Tokinkin.

„Was ist mit dir, mein Freund? Du bist so schweigsam“, sagte der Häuptling. „Was bedrückt dich?“

„Ich kann hier nicht weiter bleiben, Tokinkin. Ich bin kein Melanesier, und schon gar nicht ein Papua. Ich glaube, ich werde euch verlassen müssen.“

„Tu, was du tun musst. Warum zögerst du?“

„Ich weiß nicht, ob meine Entscheidung richtig ist.“

„Frage deinen Vater.“

„Meinen Vater? Der ist doch tot.“

„Die Ahnen sind nicht tot. Sie leben nur in einer anderen Welt.“

„Ich kann meinen Vater nicht fragen, Tokinkin. Ich bin kein Schamane.“

„Ich werde dir helfen. Gib mir deine Hand.“

Der Häuptling nahm Max’ Hand und starrte lange ins Feuer. Er schloss die Augen und begann einen leisen Sprechgesang. Nach etwa fünf Minuten verstummte er und blickte Max an.

„Ich habe etwas gesehen“, sagte er.

„Ein Bild?“, fragte Max.

„Ja. Von dir. Du hattest Flügel aus bunten Federn und konntest über alle Hindernisse hinweg schweben.“

„Was bedeutet das.“

„Das wird dir die Zukunft zeigen.“

Wie schön, dachte Max, Tokinkins merkwürdiger Ahnenzauber hilft mir auch nicht weiter.

Um drei Uhr nachts wurde er plötzlich hellwach. Er hatte von der schmalen flachen Stofftasche geträumt, die er aus Neupommern mitgenommen hatte.

Warum gerade dieser Traum?, fragte er sich. Hatte der etwas mit Tokinkins Vision zu tun?

Max sprang aus seinem Bett und holte aus seinem Koffer die Tasche heraus, die von ihm schon fast vergessen worden war. Sie stammte noch aus dem Besitz seines Vaters.

In der Tasche steckte ein Dutzend Federbälge von Paradiesvögeln, einer farbenprächtiger als der andere. Diese seltene Vogelart gab es nur in den Regenwäldern Neuguineas und Neupommerns. Hüte, dekoriert mit den langen bunten Schwanz- und Seitenfedern, waren bei den Damen der feinen Gesellschaft sehr begehrt und entsprechend teuer.

Mit dem Erlös aus dem Verkauf der Federn würden sich in der Tat viele Hindernisse überwinden lassen.

War Tokinkins Vision eine Art Prophezeiung gewesen? Max wurde unsicher. Gab es doch so etwas wie Magie?

VII

Der Ausstellungsleiter musste die Kündigung akzeptieren. Max hatte ihm Pass und Geburtsurkunde vorgelegt, die ihn, den Sohn eines Deutschen, als Bürger des Reichs auswiesen. Es war sein Recht, sich frei zu bewegen.

Vom Bahnhof Treptower Park brachte ihn die Stadtbahn in einer halben Stunde in die Innenstadt. Am Bahnhof Friedrichstraße stieg er aus, um eine preiswerte

Unterkunft zu suchen. In der Marienstraße, unweit vom Bahnhof, mietete er ein Zimmer in einer Pension und machte sich dann wieder auf den Weg zurück zur Ausstellung. In der Friedrichstraße kam er zufällig an einem Hutgeschäft mit angeschlossener Manufaktur vorbei.

„Federn des Paradiesvogels? Echte? Wie viel Federbälge haben Sie denn anzubieten?“, fragte der Inhaber interessiert.

„Zwölf. Alle in unterschiedlichen Farben.“

„Was wollen Sie dafür haben?“

„Ich dachte an zweihundert Mark“, sagte Max auf gut Glück. Für dieses Geld hätte er das ganze Dutzend verkauft. Das war immerhin soviel wie der halbe Monatslohn seines Vaters in Samoa. Der Inhaber hatte aber angesichts der niedrigen Summe annehmen müssen, dass Max zweihundert Mark pro Federbalg haben wollte.

„Wenn sie mir gefallen, gebe ich Ihnen zweitausend Mark für alle zwölf.“

Als Max das Angebot hörte, Max blieb ihm die Luft weg. Damit wäre er auf einen Schlag alle finanziellen Sorgen los. Er war so überrascht, dass es ihm nicht in den Sinn kam zu handeln. „Einverstanden“, sagte er und bemühte sich, seine Freude über den Abschluss zu verbergen.

Der Inhaber schlug in die ausgestreckte Hand von Max ein: „Gut, kommen Sie morgen früh vorbei.“

Im Südseedorf verabschiedete sich Max von den Melanesiern und bedankte sich, dass sie ihn als einen der ihren akzeptiert hatten. Tokinkin wollte wissen, ob er den

„bösen weißen Mann" bestrafen würde – und er ermahnte Max:

„Denke daran, ‚Die Rache ist mein', hat der Herr gesagt. Doch falls Gott zu lange mit der Rache warten sollte, habe ich hier etwas für dich."

Tokinkin hielt die Streitaxt eines Papua-Kriegers in der Hand.

„Damit kannst du dem Schurken, der dich betrogen hat, den Schädel spalten." Es sah fast so aus, als meinte der Häuptling es ernst.

„Danke, mein Freund. Aber behalte die Waffe, denn der Herr hat auch gesagt, ‚Wer zum Schwert greift, wird durch das Schwert umkommen'. Lass uns jetzt Lebewohl sagen."

Max wollte noch immer Gerechtigkeit. Aber seit er Marie kennengelernt hatte, dachte er mehr an die Liebe als an Rache.

Er schlenderte auf der Promenade, die ins Zentrum der benachbarten Gewerbeausstellung führte, zu dem künstlich angelegten See mit dem Hauptrestaurant. Von seinem Platz am Ufer blickte er bei einem Glas Wein auf venezianische Gondeln und mit bunten Wimpeln geschmückte Kähne. Aus einem Pavillon ertönte Musik und von einem Karussell in der Nähe des Landungsstegs fröhlicher Kinderlärm.

Max fühlte sich rundum glücklich. Sein Herz begann zu klopfen; gleich würde Marie bei ihm sein. Er hielt für sie eine kleine Überraschung bereit, einen Sommerhut aus Stroh mit farbigen Bändern. Den hatte er im Hutgeschäft gesehen und dabei sofort an Marie gedacht.

Er sah sie schon von weitem und winkte ihr aufgeregt zu. Sie winkte zurück – doch sie war nicht allein. An ihrer Seite befand sich Tante Cosima!

Max war verwirrt. Wollte Tante Cosima ihn wieder beschimpfen oder ihm drohen? Er erhob sich und lud die beiden Damen höflich ein, an seinem Tisch Platz zu nehmen. Marie lächelte ihn an und setzte sich. Tante Cosima blieb stehen, nickte ihm weder unfreundlich noch besonders freundlich zu und musterte ihn. Sie murmelte etwas, das Max nicht verstand und wohl eine Begrüßung sein sollte. Er erwiderte den Gruß, Tante Cosima drehte sich um und verschwand.

„Was war denn das, Marie? Bin ich für Tante Cosima nicht mehr der böse Wilde, den sie auf dem Schiff am liebsten über die Reling werfen lassen wollte?"

Marie lachte. „Nein, Max. Und weißt du warum? Ich habe ihr erzählt, dass du ein schwerreicher Pflanzer bist, der sogar ab und zu am Hof des Kaisers zu Gast ist. Und jetzt weiß sie nicht, wie sie mit dir umgehen soll. Jedenfalls bist du in ihren Augen plötzlich eine gute Partie für mich. Und sie hat noch gesagt, dass du eigentlich gar nicht wie ein richtiger Farbiger aussiehst, sondern mehr wie ein Italiener."

Geld kann alles ändern, sogar die Hautfarbe, dachte Max. Er bestellte beim Kellner für Marie ein Glas Wein.

„Marie, ich bin so froh dich zu sehen. Schau, ich habe ein Geschenk für dich."

Er überreichte ihr die Hutschachtel, Marie nahm den Hut heraus und setzte ihn gleich auf. Vor Freude stieß sie einen spitzen Schrei aus.

Marie sah so hübsch aus, dass er kurz davor war, ihr einen Heiratsantrag zu machen.

„Erzähle, Max, was hast du erreichen können?"

Er berichtete, dass er gekündigt habe und bereits umgezogen sei, in eine Pension in der Stadtmitte.

„Das ist fantastisch. Die Wohnung von Onkel Julius ist nicht weit davon. Sie liegt am Kronprinzenufer, in der Nähe des Bahnhofs Friedrichstraße."

Onkel Julius. Mit dem hatte er noch eine Rechnung zu begleichen. Nur durfte er dabei Marie nicht schaden. Er brauchte einen Plan. Doch jetzt galt es erst einmal, die gemeinsame Zeit zu genießen.

Sie verließen das Restaurant und gönnten sich im Vergnügungspark den Spaß einer Fahrt mit der Wasserbahn: Von einer hohen Plattform aus rasten sie in einem Kahn auf die Wasseroberfläche eines Teichs. Marie jauchzte vor Vergnügen, und Max war von ihr einmal mehr hingerissen.

„Max, es ist noch Zeit für ein Glas Wein. Lass es uns im Restaurant des Aussichtsturms trinken", schlug Marie vor.

Ein Fahrkorb beförderte sie spiralförmig in das sechzig Meter hoch gelegene Turmrestaurant. Die Dämmerung hatte eingesetzt, und unter ihnen flammten überall Lichter auf. Nicht das übliche Gaslicht, sondern neuartige elektrische Bogen- und Glühlampen. Niemand beachtete sie hier oben. Und so wagten sie, sich zum ersten Mal voller Leidenschaft zu küssen …

Am Hauptausgang wurde Marie von Tante Cosima erwartet. Max hatte sich bereits von Marie verabschiedet und sich mit ihr für den nächsten Tag verabredet. Er nickte Tante Cosima zu, sie nickte kurz zurück, und dann gingen die Damen zum Ausgang hinaus.

In zehn Tagen würde Marie Berlin verlassen und mit Tante Cosima wieder nach Hamburg fahren. Nur noch zehn Tage! Max wollte in der verbleibenden Zeit so oft wie möglich mit Marie zusammen sein. Er holte sie jeden Mittag vor dem Haus von Baron von Klink ab und brachte sie am frühen Abend zurück. Tante Cosima hatte nichts dagegen.

Sie spazierten durch den Tiergarten und zum Schloss, besuchten die Königlichen Museen und die Nachmittagskonzerte im Zoologischen Garten. Für konkrete Zukunftspläne hatte Max jetzt keine Zeit; so sehr war er von Marie verzaubert.

Eine Woche vor Maries Abreise überraschte sie ihn mit einer Einladung:

„Morgen Abend empfängt Onkel Julius ein paar Beamte aus der Kolonialabteilung des Auswärtigen Amts mit ihren Ehefrauen. Von Tante Cosima hat er erfahren, dass ich einen Verehrer habe. Er ist schon neugierig, wer das sein könnte."

„Weiß er denn nicht, wer ich bin?", fragte Max

„Nein, Tante Cosima hat ihm gegenüber nur von einem gut erzogenen jungen Geschäftsmann aus den Kolonien gesprochen. Dass Onkel Julius und du euch kennen, ahnt sie ja nicht."

„Findest du, dass das eine gute Idee ist, wenn ich hinginge?"

„Sicher, du könntest dich mit Onkel Julius aussprechen und mit ihm über deine Plantage neu verhandeln. Vielleicht war alles nur ein Missverständnis. Onkel Julius ist doch kein schlechter Mensch."

Maries Naivität wunderte Max nicht, sie war ja erst siebzehn. Wahrscheinlich war sie von klein auf vom Baron verwöhnt worden und hat von seiner unangenehmen Seite nie etwas bemerkt, vermutete er.

Im ersten Moment wollte er sich weigern, doch Marie könnte ihm das als Feigheit auslegen. Also willigte er ein. Wie er sich im Haus vom Baron verhalten sollte, wusste er noch nicht. Marie würde es ihm wohl kaum verzeihen, wenn es seinetwegen zu einem Eklat käme. Andererseits hätte er die Chance, sein Problem mit dem Baron ein für alle Mal zu klären.

Marie war über seine Zusage froh:

„Sei unbesorgt, es wird gut gehen. Doch du brauchst noch anderen Anzug. Einen Abendanzug, der weiße passt nicht so recht."

In der Kaisergalerie, der großen glasgedeckten Einkaufspassage zwischen der Friedrichstraße und Unter den Linden, erstand Max einen hellbraunen Sommeranzug mit Weste und einen handgeflochtenen Panamahut. Marie war zufrieden:

„Mein Onkel wird Augen machen, wenn er dich sieht."

Davon bin ich überzeugt, dachte Max.

Im nahen Café Bauer legten sie noch eine Erfrischungspause ein, und dann begleitete er Marie bis zur Tür des Wohnhauses ihres Onkels.

Max spürte zunehmende Nervosität. Der morgige Abend würde eine Entscheidung bringen. So oder so.

VIII

Vor dem Betreten des Stadthauses am Kronprinzenufer atmete Max noch einmal tief durch. Würde er das Haus als Sieger oder als Verlierer verlassen? Gedemütigt oder stolz?

Nein, er war sich sicher. Für das ihm zugefügte Unrecht werde der Baron heute bezahlen müssen!

Über die breite Marmortreppe ging es hinauf in die Belle Etage. Max betätigte die Klingel, und ein junges Dienstmädchen mit weißer Spitzenschürze und Haube öffnete die Tür. Er gab ihr seinen Panamahut, und bevor sie ihn fragen konnte, wen sie melden dürfe, kam Marie auf ihn zu und nahm ihn an die Hand.

„Komm gleich mit in den Salon, Onkel Julius freut sich schon, dich kennenzulernen."

Baron von Klink stand mit mehreren Herren plaudernd zusammen. In einer Sesselgarnitur am Kamin saßen Tante Cosima und drei Damen, die neugierig zu Marie und Max hinüberblickten.

Der Salon entsprach genau den Vorstellungen, den das Großbürgertum von einem repräsentativen Empfangszimmer hatte: eine stuckverzierte Decke mit einem Kronleuchter, schwere Samtvorhänge vor den hohen Fenstern, große Gemälde an den mit Seide überzogenen

Wänden und ein Parkettboden, auf dem wertvolle Teppiche lagen.

Max blieb keine Zeit, sich von dem Ambiente beeindrucken zu lassen. Schon kam der Baron auf ihn und Marie zu – in seinem schwarzen Cut eine imposante Erscheinung, strotzend vor Selbstbewusstsein.

„Schön, dass ich Sie –" Der Baron stockte als er Max erkannte. Vor Überraschung fiel ihm das Monokel aus dem Auge. Doch schnell hatte sich wieder gefangen.

„Herr Becker, wie nett, Sie als Gast in meinem Haus begrüßen zu dürfen. Darf ich fragen, was Sie nach Deutschland geführt hat?"

„Sicher, Herr Baron. Ich habe hier mit jemanden noch eine offene Rechnung zu begleichen."

„Na, hoffentlich machen Sie die Rechnung nicht ohne den Wirt, mein junger Freund." Der Baron lächelte süffisant. „Aber kommen Sie, ich mache Sie mit meinen Gästen bekannt. Die freuen sich sicher, einem Einge-, äh, Einwohner unserer Kolonien hautnah zu begegnen"

Max zwang sich, ruhig zu bleiben. Er durfte sich nicht provozieren lassen, wenn er sein Ziel erreichen wollte.

Marie hatte sich zu den Damen gesellt. Aus den Augenwinkeln sah er, wie sie auf sie einredeten und immer wieder tuschelnd zu ihm hinschauten.

Die Gäste des Barons, ein Leutnant in Uniform, ein evangelischer Geistlicher und drei hohe Beamte aus der Kolonialabteilung, begrüßten Max freundlich.

Max hatte keine Lust, sich an der Unterhaltung über die Politik des Kaiserreichs zu beteiligen. Dazu verstand er davon zu wenig. So betrachtete er sich die Gemälde, die über- und nebeneinander an der Wand gegenüber den Fenstern hingen. Meist waren es Porträts von Generälen, Fürsten und Königen, vermutlich auch von Vorfahren des Barons.

Von einem Bild fühlte sich Max magisch angezogen; es passte in seiner kräftigen Farbigkeit so gar nicht zu den anderen: Zwei junge Südseeinsulanerinnen, gekleidet in bunten Tüchern und mit Blumen im Haar, blickten den Betrachter aus dunklen Augen direkt an. Im Hintergrund sah man hinter Palmen grün das Meer durchschimmern ... Max fühlte sich zurückversetzt in das Samoa seiner Jugend.

Der Baron riss ihn aus seinen Träumereien:

„Na, Herr Becker, Sehnsucht nach dem Paradies? Kann ich verstehen. Unsere moderne, zivilisierte Welt kann für jemand, der aus den Tropen stammt, ganz schön erschreckend sein“, sagte der Baron mit einem spöttischen Lächeln.

In Max kochte es, aber er ließ sich nichts anmerken.

„Wer hat das Bild gemalt?“, fragte er betont ruhig.

„Ein gewisser Gauguin. Paul Gauguin. Er hat es aus Tahiti mitgebracht. Sie werden es nicht glauben, aber es ist ein kleines Vermögen wert. Ich habe es übrigens beim Pokerspiel gewonnen.“

Nach einer halben Stunde stellten alle ihre Sherrygläser ab und begaben sich ins Esszimmer. Bei Hühnercremesuppe, Filetbraten mit Gemüse, gefolgt von Kleingebäck und Kaffee plauderte man darüber, was man sich in Berlin über die Kaiserfamilie so zuraunte. Mit

Befriedigung sah Max, dass der Baron den zum Essen gereichten Weinen gehörig zusprach. Das würde ihm bei seinem Plan helfen. Denn Max hatte jetzt einen Plan.

Von Marie wusste er, dass der Baron ein leidenschaftlicher Pokerspieler war. Wenn der Baron nach dem Essen zum Spiel bitten würde, hätte Max eine reelle Chance, seine Plantage zurück zu bekommen. So naiv wie in Herbertshöhe ließe er sich nicht noch einmal ins Bockshorn jagen.

Nach dem Dinner gingen die Damen wieder in den Salon und die Herren in die Bibliothek. Das Dienstmädchen reichte aus einem Holzkästchen Zigarren, während der Baron die Cognacschwenker füllte.

„Na denn, zum Wohl, meine Herren. Auf Vaterland und Kaiser."

Drei Cognacrunden später - Max hatte nur immer genippt - kam das Signal, auf das er gewartet hatte:

„Wie wäre es mit einem kleinen Pokerspielchen, meine Herren?"

Zusammen mit dem Baron nahmen der Leutnant und zwei der Ministerialbeamten am Spieltisch Platz. Der Baron blickte Max fragend an.

„Was ist mit Ihnen, Herr Becker? Keine Angst, Limit sind zehn Mark. Soll ich sie Ihnen geben?" Der Baron schmunzelte.

„Sehr freundlich, aber danke. Poker ist nicht so mein Fall."

„Ich verstehe, Siebzehn und Vier liegt Ihnen mehr, wie wir beide wissen", sagte der Baron. „Na ja, vielleicht haben Sie ja auch mehr Glück in der Liebe als im Spiel.

Aber auch in der Liebe sollte man vorsichtig sein. Man verbrennt sich sonst sehr leicht die Finger."

Baron von Klink lächelte jetzt nicht mehr. Er blickte Max feindselig an. Die Warnung war unmissverständlich. Er solle sich von Marie fernhalten.

Der Baron teilte die Karten aus und das Spiel begann. Jeder der vier Spieler hatte zwanzig Chips im Gesamtwert von zehn Mark vor sich liegen.

Max, der Pfarrer und einer der Beamten standen neben dem Tisch, plauderten und verfolgten das Spiel – der Pfarrer und der Beamte eher beiläufig, Max hochkonzentriert, ohne es sich anmerken zu lassen.

Bereits nach einer halben Stunde war das Spiel vorbei. Der Baron hatte alle Pots gewonnen und seine Mitspieler verließen den Tisch. Zufrieden gönnte er sich einen weiteren Cognac. Max erhob sein Glas:

„Herzlichen Glückwunsch, Herr Baron. Ich hab's mir überlegt. Hätten Sie Lust auf eine letzte Runde? Nur wir beide?"

Alle blickten den Baron an. Inzwischen waren auch die Damen hinzugekommen. Der Baron wusste, dass er eigentlich schon zu viel getrunken hatte. Aber der Alkohol ließ ihn leichtsinnig werden. Vor seinen Gästen wollte er sich keine Blöße geben.

„Warum nicht? Setzen wir uns, Herr Becker."

Der Baron war ein gewiefter Spieler. Mit dem Knaben würde er leicht fertig werden, dachte er.

Max ließ sich für zehn Mark Chips geben und eröffnete das erste Spiel. Der Baron gewann es. Einige der nächsten Spiele gewann Max, die meisten aber der

Baron. Der wurde immer übermütiger und spielte riskanter. Die Strategie von Max schien aufzugehen. Er hatte mit Absicht einige Spiele verloren, um den Baron und sein Spiel genau studieren zu können: War der Baron mit seinem Blatt unzufrieden, griff er sich kurz ans Ohrläppchen. Diese Beobachtung würde ihm helfen, den Baron zu schlagen, glaubte Max. Nach einer Viertelstunde hatte Max alle Chips verspielt. Der Baron wollte aufstehen.

„Einen Augenblick, Herr Baron. Nur ein Spiel noch. Geben Sie mir Revanche."

„Revanche? Sie haben doch keine Chips mehr!"

Der Baron schüttelte verwundert den Kopf.

„Was halten Sie von diesem Einsatz?", fragte Max.

Er holte aus seiner Jackettasche die Besitzurkunde seiner Plantage auf Neupommern und warf sie auf den Tisch.

„Was soll das bedeuten?"

„Ganz einfach. Verliere ich, gehört meine Plantage Ihnen. Rechtmäßig."

„Die gehört mir doch bereits."

„Nein. Der designierte Gouverneur für Deutsch-Neuguinea hat mir hier in Berlin zugesagt, sich der Sache anzunehmen. Er hat berechtigte Zweifel, dass alles mit rechten Dingen zugegangen sei."

Das war gelogen, doch es verfehlte nicht seine Wirkung. Der Baron blickte Max verunsichert an. Schwierigkeiten mit der Kolonialverwaltung war das Letzte, was er gebrauchen könnte. Auf der Überfahrt von Neupommern nach Hamburg hatte Max von Knut Petersen erfahren, dass das Geschäftsgebaren einiger Kolonialhändler in Berlin kritisch beobachtet wurde. Hinter vorgehaltener Hand würde man von Korruption und Steuerbetrug munkeln.

Die drei Gäste aus der Kolonialabteilung des Auswärtigen Amts wurden blass; sie gehörten wohl mit zu den Günstlingen des Barons.

„Und wenn Sie gewinnen sollten, Herr Becker, was dann?"

Max wollte das Bild. Es bedeutete ihm mehr als die verdammte Plantage. Nie wieder wollte er nach Neupommern zurückkehren.

„Dann geben Sie mir das Bild von diesem Paul Gaugin. Die Plantage dürfen Sie sogar behalten."

„Warum sollte ich mich darauf einlassen?"

„Sie müssen es ja nicht. Wenn Ihnen die Courage fehlt, gehe ich, und Sie sehen mich nie wieder."

Alle starrten auf Max und den Baron. Diese dramatische Entwicklung hatte keiner vermutet, auch Marie nicht. Das irrsinnige Pokerduell war aber nicht mehr aufzuhalten. Der Baron war viel zu stolz, um zu kneifen:

„Wenn Sie unbedingt wieder verlieren wollen, bitte." Der Baron sah Max siegesgewiss an.

Jeder nahm zwanzig Chips. Wer am Ende keine Chips mehr hatte oder beim Setzen nicht mehr mithalten könnte, würde der Verlierer sein. Der Zweikampf konnte beginnen.

Dreimal räumte Max den Pot mit den Chips ab, zweimal der Baron. Max wurde langsam nervös. Er lag zwar vorn, aber das Spiel lief nicht so, wie er es erwartet hatte.

Der Baron spielte sehr viel konzentrierter als bei der vorangegangenen Partie. Von der Wirkung des Alkohols war nichts mehr zu bemerken; er wusste, es ging um alles oder nichts. Der verräterische Griff ans Ohrläppchen, auf den Max seine Hoffnung gesetzt hatte, unterblieb. Der Baron hatte sich diesmal unter Kontrolle.

Max war an der Reihe, seinen Einsatz zu machen. Der Baron sah ihn an und wartete. Um den Baron zu verwirren, griff Max zu einem seiner Tricks. Er tat so, als ob er überlegen würde, und schaute angestrengt in sein Blatt. In der rechten Hand hielt er zwischen Daumen und Zeigefinger spielerisch einen Chip. Plötzlich war der Chip verschwunden. Max griff sich zum Mund – und zauberte den Chip dort hervor. Der Baron blickte irritiert und fasste sich kurz ans Ohrläppchen.

Das war für Max das Zeichen, dass der Baron bestenfalls ein mittelmäßiges Blatt besitzt. Absolut sicher konnte er natürlich nicht sein.

Max ging voll ins Risiko und schob seine gesamten Chips in den Pot. Zum Erhöhen fehlten dem Baron die Chips. Das Finale war erreicht; beide mussten ihre Karten zeigen. Wer würde das bessere Blatt haben?

Als erster deckte Max sein Blatt auf: ein Herz König, ein Kreuz König, ein Karo König, eine Pik 9 Würde auch die letzte Karte eine 9 sein, hätte Max ein Full House – ein Drilling und ein Paar. Langsam legte Max die letzte Karte auf den Tisch.

Es war die Karo 9! Es gab nur drei Kombinationen, mit denen der Baron das Full House noch schlagen könnte: einen Vierling, einen Straight Flush und den

Traum eines jeden Pokerspielers, den Royal Flush – fünf Karten der gleichen Farbe in Folge und mit dem Ass als höchste Karte.

In der Bibliothek herrschte atemlose Spannung. Jeder fragte sich, was der Baron für ein Blatt hätte. Max spürte Übelkeit in sich hochsteigen. Hatte er den Baron unterschätzt? Sein Herz schlug immer schneller.

Er blickte den Baron intensiv an. Dessen Blick ging ins Leere, und er sackte in seinem Stuhl kraftlos zusammen. Da wusste Max, dass er ihn besiegt hatte.

„Sie verdammter Hund", zischte der Baron ihm zu und warf seine Karten auf den Tisch. Er hatte nur einen Drilling.

Max vermied es Marie zuliebe zu triumphieren. Er stand wortlos auf, ging in den Salon und nahm den Gauguin von der Wand. Er wusste, dass er die Wohnung des Barons jetzt verlassen musste. Zuvor wollte er sich von Marie verabschieden. Sie stand im Salon am Kamin neben dem Baron, der sich mit Maries Unterstützung langsam und unsicher dorthin begeben hatte.

Max merkte, dass Marie ihr Onkel leidtat. Sie blickte Max an, ihr Gesichtsausdruck war weder liebevoll noch vorwurfsvoll, als ob er für sie ein Fremder wäre. Nahm sie es ihm übel, dass er ihren Onkel besiegt hatte?

Er wollte mit Marie reden, doch in dem Moment sah er von der Seite etwas Silbernes auf seinen Kopf zukommen: Baron von Klink hatte sich vom Kaminsims einen der silbernen Kerzenständer gegriffen und haute Max damit über den Schädel. Max spürte einen heftigen Schlag, und dann wurde es Nacht um ihn …

Der Baron hatte im Affekt gehandelt. Er konnte es selbst nicht fassen, wozu er sich hatte hinreißen lassen. Voller Entsetzen über seine Tat fasste er sich ans Herz; ein stechender Schmerz raubte ihm den Atem. Bewusstlos sank er zu Boden.

IX

„Herr Becker, können Sie mich hören?"

Max hörte wie durch eine Wattewand die Stimme einer Frau. Mühsam öffnete er die Augen und blinzelte in einen grellen, weißen Nebel.

„Ja, ich höre Sie. Wo bin ich?", fragte er mit fast tonloser Stimme.

„Sie sind in der Charité. Sie haben einen Schädelbruch."

Langsam lichtete sich der Nebel. Er blickte in das Gesicht einer jungen Frau mit einer weißen Haube.

„Ich bin Schwester Agatha. Wie fühlen Sie sich?"

„Haut mir gerade jemand mit dem Hammer auf den Kopf?"

„Nein, Sie haben starke Kopfschmerzen von Ihrer Gehirnerschütterung. Sie bekommen vom Doktor gleich ein Schmerzmittel."

Max versuchte, sich aufzurichten.

„Um Himmels Willen, bleiben Sie liegen. Sie brauchen absolute Ruhe. Ich werde jetzt den Arzt rufen."

Ein paar Minuten später kam der Doktor. Er zog einen Stuhl ans Bett und setzte sich.

„Wie geht es Ihnen, Herr Becker?“ Der Doktor fühlte seinen Puls.

„In meinem Kopf wütet ein Dampfhammer. Wie lange liege ich hier schon?“

„Drei Tage. Wissen Sie, warum Sie hier sind?“

„Die Schwester hat es mir gesagt. Ich habe einen Schädelbruch.“

„Ich meine, wissen Sie, was vor drei Tagen passiert ist?“

Max dachte nach. „Ich hatte beim Pokern gewonnen. Ich ging zum Kamin …“ Max zögerte, er versuchte vergeblich, sich zu erinnern.

„Ich glaube, ich habe einen heftigen Schlag bekommen. Oder?“

„So ungefähr. Die Gäste des Barons haben gesagt, Sie seien in der Nähe vom Kamin ausgerutscht und mit dem Kopf auf den unteren eisernen Rand geprallt.“

„Dann wird es so gewesen sein. Ich kann mich nicht mehr erinnern. Was hat denn der Baron gesagt?“

„Noch nichts. Der hat vor Aufregung über Ihren Unfall einen Herzinfarkt erlitten und liegt auf unserer Intensivstation. Aber er wird's überleben.“

Der Arzt gab Max das Schmerzmittel.

„Haben Sie sich schon öfter unsicher auf den Beinen gefühlt, Herr Becker?“

„Eigentlich nicht. Na ja, ausgerutscht bin ich sicher schon mal.“

„Gut, wir werden Sie in ein paar Tagen genau untersuchen. Und machen Sie sich keine Sorgen, Sie sind bald wieder gesund.“

Der Doktor verließ das Zimmer, und Max schlief erschöpft ein.

Bei der Morgenvisite äußerte der Arzt sich zufrieden über den Zustand von Max. Er durfte jetzt aufrecht im Bett sitzen. Besuchszeit war am Nachmittag. Natürlich hoffte er, dass Marie kommen würde.

Immer wieder grübelte er über den Abend beim Baron nach. Der Verlust des Gauguins musste für den Baron sehr schmerzhaft gewesen sein. Und dennoch war er bei dem Unfall am Kamin um Max so besorgt gewesen, dass er vor Aufregung eine Herzattacke erlitten hatte. War der gar nicht so ein durch und durch übler Kerl? Zwar raffgierig und impulsiv, aber doch mit einem guten Kern?

Daran, dass er am Kamin ausgerutscht war, konnte Max sich nicht erinnern. Aber war da nicht etwas Silbernes gewesen? Das verschwommene Bild, das jetzt bei Max aus den Tiefen seines Gedächtnisses auftauchte, wurde immer klarer:

Aus den Augenwinkeln hatte er für den Bruchteil einer Sekunde einen silbernen Kerzenständer gesehen. Und zwar in der Hand des Barons! Und dann traf ihn mit voller Wucht ein Hieb!

Es war kein Unfall, Baron von Klink hatte versucht, ihn zu erschlagen! Und alle hatten den Baron mit ihren falschen Aussagen gedeckt. Auch Marie!

Max brachte diese plötzliche Erkenntnis so aus der Fassung, dass er fast aus dem Bett springen wollte. Zorn und Enttäuschung ließen ihn in Tränen ausbrechen. Marie, wie konntest du mir das antun, murmelte er.

Punkt drei Uhr steckte Marie lächelnd ihren Kopf durch die Tür. „Darf ich hereinkommen?"

„Natürlich, mir geht es schon ganz gut."

Marie gab ihm einen Kuss auf die Wange und stellte einen bunten Sommerstrauß auf den Nachttisch.

„Mein Gott, was hatten wir für Angst um dich, Max."

Wie hübsch sie ist, dachte Max. Auch wenn sie lügt.

„Marie, wie ist der Unfall passiert? Ich kann mich nicht mehr erinnern."

Wenn sie mir jetzt die Wahrheit sagt, wäre alles gut, dachte Max.

„Du bist ausgerutscht und bist mit dem Hinterkopf auf die Kante vom Kamin geknallt. Onkel Julius erlitt vor Schreck und Sorge sogar einen Ohnmachtsanfall."

Marie hatte ihre Chance verspielt.

„Was ist mit dem Gauguin?", fragte Max.

„Den haben wir in deine Pension gebracht. Onkel Julius hat den Verlust verschmerzt. Ich soll dir sagen, dass er es bedauere, wenn er dich geärgert haben sollte.

Geärgert ist gut, dachte Max. Gehasst träfe es besser.

Er konnte Maries Schwindelei nicht länger ertragen.

„Marie, warum belügst du mich? Ich weiß genau, dass dein Onkel mich niedergeschlagen hat."

Marie blickte ihn erschrocken an. Sie brachte keinen Ton heraus und fing an zu weinen.

„Es tut mir ja so leid. Aber er ist doch mein Onkel", schluchzte sie.

„Und was bin ich für dich?"

„Du bist das Liebste, was ich habe, Max. Ich konnte aber doch nicht zulassen, dass Onkel Julius ins

Gefängnis gehen muss. Er wollte dich doch nicht ernsthaft verletzen."

Max konnte nicht glauben, was er hörte. Nicht ernsthaft verletzen? Der Baron hätte ihn fast getötet! Marie wollte die Wahrheit einfach nicht sehen.

„Warum hast du mir vorhin nicht gesagt, was wirklich passiert ist, Marie?"

„Ich weiß, es war dumm von mir. Bitte verzeih mir", sagte sie unter Tränen.

Max bekam Mitleid mit Marie. Sie sah so unglücklich aus. Mein Gott, dachte er, sie ist doch noch fast ein Kind. Ein Mädchen von gerade einmal siebzehn Jahren.

Maries Kopf lag auf der Bettdecke. Er war versucht, ihr über ihr Haar zu streichen. Nein, das durfte er nicht.

„Marie, ich kann dir nicht verzeihen. Ich muss der Frau, mit der ich für immer zusammen sein will, vertrauen können."

Und dann sagte er den Satz, den er sein Leben lang bereuen sollte:

„Marie, bitte gehe jetzt. Ich möchte dich nicht mehr wiedersehen."

Eine Woche später war Max wieder in seiner Pension. Er wusste, was er zu tun hatte. Er würde den Gauguin verkaufen und nach Samoa zurückkehren, das er vor zwei Jahren mit seinem Vater verlassen hatte. Er war jetzt zweiundzwanzig. Jung genug für einen Neuanfang.

Er dachte an die Melodie, die er damals im Hafen von Apia zum letzten Mal gehört hatte:

Aloha Oe, Aloha Oe, e ke onaona ho ika lipo.
Meine Liebe sei bei dir, bis wir uns wiedersehen.
Ein süßer Kuss, bis wir uns wiedersehen.

Von nun an würde er bei dem Lied immer an Marie denken müssen. Und jedes Mal würde es ihm das Herz zerreißen.

ZWISCHEN ZWEI WELTEN

Der Mann starrte hinauf zu der weißen Zimmerdecke, als könnte er durch sie hindurchsehen. Er wusste nicht, wo er war und wollte es auch nicht wissen. Er spürte nichts; keine Angst, keine Schmerzen und nicht die Schwere seines Körpers. Nach und nach verdrängte die Wirklichkeit sein Gefühl, ein lebloses, schwereloses Etwas zu sein. Die Atemnot und der starke Druck in der Brust kamen zurück. Langsam blickte er sich um. Er sah Kabel und Infusionsschläuche und hörte das monotone Piepen von Monitoren. Zwei Personen in grünen Schutzanzügen standen an seinem Bett. Ihre Gesichter hinter den Plastikschirmen konnte er nicht erkennen.

„Herr Reger, können Sie mich hören?"

Der Mann nickte. Zum Antworten fehlte ihm die Kraft.

„Wissen Sie, wo Sie sind?"

Wieder nickte er. Er war in einem Krankenhaus, auf der Intensivstation. Er wollte sprechen, brachte aber keinen Ton heraus.

„Sie befinden sich auf der Covid-19-Station der Charité. Sie lagen vier Wochen im Koma. Sie haben Glück gehabt, Herr Reger. Sie sind jetzt außer Lebensgefahr. Bleiben Sie bitte wach, gleich wird sich der Arzt um Sie kümmern."

Durch die Maske klang die Stimme verzerrt. Wie aus dem Transistorradio, das er sich kurz nach seinem sechszehnten Geburtstag gekauft hatte. Das erste, was er damals aus dem Radio hörte, war der Nachrichtensprecher des RIAS: „In den heutigen Morgenstunden des 13. August 1961 hat das Zonenregime begonnen, Ost-Berlin abzuriegeln ... Besuche sind nicht mehr möglich."

Die Gedanken des Mannes begannen weit in die Vergangenheit zurückzuwandern:

„Jetzt gibt es Krieg", hatte mein Vater mit besorgter Miene gesagt.

„Glaube ich nicht", antwortete ich. Krieg war für mich etwas Unvorstellbares, obwohl die Narben des Krieges in Berlin noch zu sehen waren. Ost-Berlin abgeriegelt? Na und? Tante Gerda wohnte zwar im Osten, ich hatte sie aber in den letzten Jahren nur sehr selten besucht. Mein Leben spielte sich im Westteil ab. Ich wollte jetzt AFN hören und mich nicht mit meinem Vater über Politik unterhalten. Kurz nach 16 Uhr wurde wie an jedem Tag Stickbuddy Jamboree ausgestrahlt, das Wunschkonzert für die amerikanischen GIs in Berlin. Was der Name bedeutete, wusste ich nicht. Wohl aber, dass dann die einzige Musik gespielt wurde, die mir gefiel: Rock, Country und manchmal auch Jazz. Bill Haley, Johnny Cash und Buddy Holly wurden Idole meiner Jugend.

Meinem Vater stieg die Zornesröte ins Gesicht. Er hasste amerikanische Popmusik.

„Mach bitte sofort dieses entsetzliche Gedudel aus, Jens! Oder ich nehme dir das Radio weg."

Mein Vater meinte es ernst. Ich war zwar einen halben Kopf größer als er, doch er schaffte es immer noch, mir Angst einzuflößen. Also gehorchte ich und sehnte den Tag herbei, an dem ich endlich volljährig sein würde.

„Herr Reger, bleiben Sie wach. Der Doktor ist sofort da."

Der Mann hatte aber keine Lust, wach zu bleiben. Die Schmerzen waren plötzlich verschwunden, und er hatte jetzt das wohlige Gefühl, in warmem Wasser zu schweben. Er wollte nur noch schlafen. Er konnte seine Augen nicht mehr aufhalten und glitt in einen tranceähnlichen Zustand zwischen Schlaf und Wachsein.

In seinem Kopf tauchten Bilder auf, die ihn an den Tag zurückführten, an dem er zum ersten Mal Jenny sah: Mit Rüdiger hatte er mit einem Passierschein für Verwandtenbesuche den Weihnachtsmarkt auf dem Alexanderplatz in Ost-Berlin besucht. Rüdiger und er kannten sich seit ihrer Schulzeit. Sein Freund studierte Medizin, er selbst hatte die Schule geschmissen und eine Lehre als Fotograf begonnen.

Mit dem christlichen Weihnachtsfest hatte die DDR nicht viel im Sinn – der Weihnachtsmarkt ähnelte eher einem lärmenden, riesigen Rummelplatz mit Fahr- und Vergnügungsattraktionen aller Art. Etwas Vergleichbares gab es in West-Berlin nicht. Für zwei Neunzehnjährige in Feierstimmung war es genau das Richtige.

Wir hatten unseren Rundgang über den Festplatz beendet und lungerten jetzt am Rand des Autoskooters herum. So richtig in Stimmung war ich nicht. Es war ein kalter Dezemberabend, und Rüdiger ging mir mit seinem ewigen Gerede, dass die Rolling Stones besser als die Beatles seien (oder umgekehrt, ich weiß es nicht mehr) auf die Nerven. Ich wollte mir gerade ein Bier holen, als mir ein Mädchen im Gedränge entgegenkam. Unbeholfen versuchte ich, nach rechts auszuweichen, sie nach links. Dann wich sie nach rechts aus und ich nach links – bis wir zusammenstießen. Sie blickte mich an, und ich war sofort fasziniert von ihren braunen Augen unter den wie mit einem Lineal gezogenen kräftigen Augenbrauen. Sie trug eine blaue Strickmütze, die fast die ganze Stirn bedeckte und nur ein paar dunkelblonde Locken freiließ. Sie lächelte mich an und öffnete dabei leicht ihren Mund. Ihre Schneidezähne ließen eine kleine niedliche Lücke frei. Unsere Begegnung dauerte nur einen Moment, doch der genügte schon: Ich hatte mich in sie verguckt.

„He, was soll das? Willst du mich nicht vorbeilassen?“, fragte sie kess.

„Na du willst mich doch nicht vorbeilassen!“ Oh Gott, dachte ich. Mit dieser nicht sehr geistreichen Antwort habe ich es schon verpatzt. In einer Sekunde würde sie vorbeigegangen und für immer entschwunden sein. Doch sie blieb stehen und lachte leise. Ich merkte, dass ich ihr gefiel. In meinem Bauch spürte ich ein seltsames Ziehen.

„Du bist wohl nicht von hier. Kommst du vom Lande?“, fragte sie. Wollte sie sich über mich lustig machen?

„Nee, ich komme vom Himmel. Bin auf der Suche nach einem Engel, einem wie dich“, sagte ich. Ohgott, was für ein dummer Spruch, dachte ich und war sicher, es damit endgültig vergeigt zu haben.

„Dann kannst du ja jetzt deine Suche aufgeben", sagte sie und hakte sich bei mir ein. Mein Herz fing heftig an zu klopfen.

„Ich bin Jenny. Wie heißt du?"

„Jens."

„Jenny und Jens, das klingt gut", sagte sie mit ruhiger Stimme und lächelte.

Und so begann unsere deutsch-deutsche Liebesgeschichte.

Das Ich des Mannes begann sich von seinem Körper zu lösen und langsam zu schweben. Immer weiter entfernte es sich von dem Bett unter ihm. Er blickte von oben auf seinen Körper wie auf etwas, das ihm nicht mehr gehörte.

„Schnell, Nummer siebzehn muss beatmet werden!", hörte er jemanden rufen. Er wusste, Nummer siebzehn war er: der siebzehnte von zwanzig Kranken auf der Intensivstation.

„Wie alt ist der Patient?" „Sechsundsiebzig." „Relevante Risiken oder chronische Vorerkrankungen?" „Nur die altersbedingt üblichen." Die Stimmen klangen hektisch. „Achtung, der Puls sinkt! Schnell, ich brauche den Defibrillator."

Drei Ärzte in grünen Schutzanzügen beugten sich über ihn und legten ihm eine Beatmungseinheit in seine Lunge. Er registrierte das Geschehen teilnahmslos. Um ihn und in ihm war noch immer diese alles entgrenzende Schwerelosigkeit. Bin ich tot?, fragte er sich. Er fühlte sich zwischen zwei Welten, wie in einem Niemandsland. Das Grün der Schutzanzüge begann durch die Luft zu wabern und schließlich den ganzen Raum in ein grünes Licht zu tauchen. In ihm entstand ein Bild, erst verschwommen, dann immer klarer:

Er sah sich auf einem Bootssteg am Plattensee stehen und auf die spiegelglatte Wasserfläche des Balatons blicken.

Was war das für ein surreales Bild vor meinen Augen: Bis zu den gegenüberliegenden Ufern war der Plattensee giftgrün gefärbt! Der Mai 1966 war ungewöhnlich heiß, und seit Wochen hatte es in Ungarn nicht geregnet. Algen bedeckten den gesamten See. Von der Abendsonne rotgefärbte Wolken zogen über den dunklen Himmel.

Schon am nächsten Morgen war das bizarre Farbenspiel vorbei. In der Nacht hatte es einen heftigen Gewittersturm mit einem sintflutartigen Regen gegeben, der den grünen Teppich verschwinden ließ. Unter der strahlenden Sonne schimmerte der Balaton wieder milchigblau.

Einen Tag zuvor war ich mit meinem alten VW-Käfer in Siofok am Südufer angekommen und hatte sofort mein Privatzimmer bezogen. Ich war aufgeregt: Am Abend würde ich Jenny treffen. Sie und ihre Freundin Nora hatten eine Reisegenehmigung für Ungarn und eine der begehrten Zusagen für einen Aufenthalt auf einem Campingplatz in Siofok bekommen. Nora und Jenny hatten sich an der Ost-Berliner Nationalgalerie während ihrer Ausbildung zu Restauratorinnen kennengelernt.

Im Trabi, der vollgepackt war mit Zelt, Spirituskocher und einer Unmenge von Konservendosen, reisten sie an; Ungarn war für DDR-Bürger ohne geschmuggeltes Westgeld ein teures Pflaster.

Mehr als zwei Jahre kannten wir uns, doch gesehen hatten wir uns nur selten. Das Passierscheinabkommen erlaubte West-Berlinern den Besuch von Ost-Berlin nur an wenigen Wochen im Jahr. Und es durften nur Verwandtenbesuche sein. (Gut, dass ich Tante Gerda im Antrag angeben konnte.) Für zwei verliebte junge Menschen war die Situation nicht leicht zu ertragen.

Verabredet waren wir auf der Promenade vor dem Grandhotel Balaton Palace. Zehn gemeinsame Tage lagen vor uns, und ich konnte kaum erwarten, sie zu sehen. Als ich Jenny von weitem kommen sah, hielt ich es nicht länger aus. Ich rannte auf sie zu und presste sie so fest an mich, als ob ich sie vor dem Ertrinken retten wollte. Ich war der glücklichste Mensch der Welt.

Mit harter D-Mark war es mir gelungen, im Balaton Palace einen der begehrten Tische auf der Seeterrasse reservieren zu lassen. Mit einem mehrgängigen Menü, das ich mir eigentlich gar nicht leisten konnte, wollte ich unser Wiedersehen zelebrieren und bei einer Flasche Wein mit ihr den Sonnenuntergang bewundern.

Doch aus unserem romantischen Candle-Light-Dinner wurde nichts:

Essen, Wein und Sonnenuntergang waren mir plötzlich egal. Ich konnte nicht anders; ich nahm Jenny an die Hand und eilte mit ihr zu dem Haus, in dem sich im ersten Stock mein Zimmer befand. Nach ein paar Minuten waren wir da, doch Jenny zögerte.

„Das geht nicht, Jens. Es ist verboten, Leute aus dem Westen zu besuchen."

„Meinst du das wirklich ernst?", fragte ich.

„Natürlich nicht, du Dummkopf, aber wir müssen vorsichtig sein", sagte sie lachend und rannte mit mir die Treppe hoch. Ich öffnete die Zimmertür und sank auf mein Bett. Alles drehte sich in mir. Sie beugte sich zu mir und küsste mich. Ich zog sie zu mir herunter und hörte, wie ihr Herz klopfte …

Wir verlebten eine wunderschöne Zeit am Plattensee und waren sehr glücklich. Jennys Hobby war die Malerei. Wenn sie an ihrer kleinen Staffelei saß und den See oder das hüglige Land malte, konnte ich nicht aufhören, sie anzusehen und immer wieder zu fotografieren.

Jennys Aquarelle gaben genau die Stimmung wieder, die ich empfand, wenn ich daran dachte, dass wir schon bald wieder voneinander Abschied nehmen mussten. In den Bildern steckte etwas Melancholisches, etwas, das das Ende unseres Sommers ahnen ließ.

Nora gönnte uns unser Zusammensein ohne Missgunst oder Eifersucht. Sie hatte sich mit einem jungen ungarischen Rockmusiker angefreundet und war wohl ganz froh, das Zelt nachts für sich allein zu haben. Jenny schlief jede Nacht bei mir. Meine Wirtin drückte beide Augen zu, nachdem ich ihr „für ihre Gastfreundschaft" einen Hunderter extra gegeben hatte.

Den letzten Abend verbrachten Jenny, Nora und ich in einer Weinstube bei einer Flasche Tokajer. Zum Feiern war uns aber nicht zumute. Wehmütig schauten wir in unsere Gläser.

Nora unterbrach schließlich unser Schweigen:

„Wie soll es denn mit euch weitergehen?", fragte sie.

Jenny antwortete flüsternd. Sie wusste, dass der Arm der Stasi bis nach Ungarn reichte. Durchaus möglich, dass man uns bereits beobachtete.

„Wir lieben uns und wollen zusammenleben. Jetzt, und nicht erst, wenn ich als Rentnerin vielleicht in den Westen reisen darf. Und dass Jens in die DDR übersiedelt, nein, das möchte ich ihm nicht zumuten."

„Das verstehe ich, Jenny. Du könntest einen Ausreiseantrag stellen."

Jenny schüttelte resigniert den Kopf.

„Der würde mit Sicherheit abgelehnt werden. Und dann Gnade mir Gott. Meinen Ausbildungsplatz in der Nationalgalerie wäre ich los. Ab zur Bewährung in die Produktion, könnte es dann heißen. Trafospulen drehen oder Maschinen putzen."

„Es gibt für uns keine Wahl, Nora", fügte ich leise hinzu. „Ich werde dafür sorgen, dass Jenny aus der DDR herauskommt."

Natürlich hatte ich mit Jenny bereits darüber gesprochen. Rüdiger kannte an der medizinischen Fakultät einen Kommilitonen, der wiederum jemanden kannte, der Kontakt zu einer studentischen Fluchthilfeorganisation hatte. Ich würde Rüdiger bitten, für mich den Türöffner zu spielen.

Jenny und ich hielten es für besser, wenn sie in dieser letzten Nacht nicht mit mir, sondern mit Nora im Zelt verbringen würde. Wir wollten uns den Abschied nicht zu schwer machen. Wenn ich morgen früh aufwachte, wären die beiden in ihrem Trabi schon unterwegs in Richtung Berlin.

Ich lag noch lange wach. Meine Gedanken kreisten um immer die gleiche Frage: Was würde aus unserer Liebe werden, wenn unser Traum von einem Zusammenleben in Freiheit platzen sollte?

Zurück in Berlin rief ich Rüdiger an, der mir sofort versprach, uns zu helfen. Der Kontakt zu den Fluchthelfern ginge nur über mehrere Ecken, sagte er. Konspiration und Anonymität seien im Fluchthilfegeschäft das Wichtigste. Es würde alles sehr schnell gehen.

Einen Tag später klingelte bei mir das Telefon. Der Anrufer stellte sich als Willi vor. Er würde gern mit mir über den Umzugstermin sprechen, sagte er mit einer tiefen Stimme im leichten Singsang des Rheinländers. Ich wusste natürlich sofort, worum es ging. Am Abend traf ich mich mit ihm im Wirtshaus Wuppke in Charlottenburg.

Willi war in meinem Alter, etwa Anfang bis Mitte zwanzig. Mit seiner Pilzkopffrisur und dem verträumten Gesichtsausdruck erinnerte er mich an John Lennon.

Willi erläuterte mir mehrere Möglichkeiten: eine Flucht mit Hilfe gefälschter Papiere, Flucht in einer präparierten Limousine oder die Flucht durch einen Tunnel. Man würde für meinen Fall das am besten Passende auswählen. Alles sei schon dutzende Male durchgezogen worden, nie sei dabei etwas schiefgegangen. Für mich klang das wie ein Angebot aus einem Versandhauskatalog.

Zunächst wollte ich erfahren, mit welchen Kosten ich rechnen müsste.

„Wir haben Festpreise. Fünftausend im Voraus, fünftausend nach erfolgter Flucht."

Das war viel mehr, als ich von studentischen Fluchthelfern erwartet hatte. Als Fotograf verdiente ich nicht viel, und nach der Ungarnreise war mein Konto leergefegt. Für die Anzahlung würde ich mir das Geld zusammenborgen müssen.

„Die zweiten Fünftausend kannst du auch in Raten abstottern", versuchte Willi mich zu beruhigen.

„Okay, einverstanden", sagte ich. „Wie geht es jetzt weiter?"

„Das erfährst du morgen. Wir treffen uns hier am Abend um acht. Vergiss nicht, die Anzahlung mitzubringen. Und ein Foto von der Fluchtperson."

Willi trank sein Bier aus und verschwand.

Am nächsten Abend betrat ich das Wirtshaus Wuppke. Willi war bereits da, und ich setzte mich zu ihm. Er blickte mich fragend an. Klar, er wollte erst das Geld. Ich holte den Umschlag mit den Fünftausend aus meiner Jacke und gab ihn ihm. Er steckte den Umschlag wortlos ein.

„Willst du nicht nachzählen?", fragte ich.

„Nicht nötig, ich vertraue dir. Aber natürlich bekommst du eine Quittung."

Er bestätigte mir auf einem Zettel, als Anzahlung „für Speditionsleistungen" fünftausend Mark erhalten zu haben und setzte unter seine Adresse Telefonnummer und Unterschrift.

„Wir haben der Fluchtperson den Decknamen Carmen gegeben. Wirst du Carmen über Pfingsten sehen?"

„Ja, schon am Sonnabend."

Über Pfingsten waren Verwandtenbesuche in Ost-Berlin erlaubt, und ich hatte mir für die Feiertage eine „Aufenthaltsgenehmigung für den Besuch der Hauptstadt der DDR" besorgt.

„Das passt gut. Sage Carmen, dass sie Pfingstsonntag an der Friedrichstraße Ecke Dorotheenstraße warten soll, natürlich ohne Gepäck. Um neun Uhr wird sie jemand ansprechen und sie bitten, in ein Auto zu steigen. Mehr brauchst du nicht zu erfahren und sie auch nicht."

„Und wann werde ich sie sehen können?"

„Sei am Sonntagmittag hier im Wuppke. Halte bis dahin die Füße still. Versuche nicht, mich anzurufen. Und sprich mit niemanden über die Aktion."

In meinem Bauch kribbelte es. In wenigen Tagen würde ich Jenny in die Arme schließen können, im Westen. Das klang richtig gut.

Am Sonnabend fuhr ich zum Grenzübergang im S-Bahnhof Friedrichstraße. Eine halbe Stunde später klingelte ich an Jennys Wohnungstür.

Als sie mich sah, strahlte sie vor Freude.

„Jens, was für eine Überraschung. Ich dachte, du kommst erst morgen."

„Ja, aber es gibt Neuigkeiten."

„Welche? Sag's mir, ich bin neugierig."

„Lass' uns in den Park gehen, da sind wir ungestört."

Wir setzten uns auf eine Bank. Jenny blickte mich ungläubig an, als ich ihr erklärte, was Willi und ich abgesprochen hatten.

„Was? Schon morgen? Und wie soll das ablaufen?"

„Ich nehme an, man wird dich versteckt in einem Auto über die Sektorengrenze schmuggeln. Genaues wollte man mir verständlicherweise nicht sagen."

„Und da ist wirklich kein Risiko dabei?"

„Na ja, ein Restrisiko gibt es natürlich. Doch das ist äußerst gering."

„Gut, Jens. Dann werden wir es so durchziehen."

Von ihren Eltern hatte Jenny sich schon früh abgenabelt; ihr Verhältnis war nicht das beste. Sie würde der DDR also nicht lange nachtrauern müssen.

Von ihrer anfänglichen Besorgnis war jetzt nichts mehr zu sehen. Ihr Blick zeigte Entschlossenheit und Zuversicht. Was war ich stolz auf meine Jenny!

Am Pfingstsonntag saß ich bereits um elf Uhr im Wirtshaus Wuppke und begann die Minuten zu zählen. Die Zeit verging quälend langsam. Endlich war es zwölf. Ich hatte die Kneipentür im Auge und hoffte jedes Mal, wenn sie geöffnet wurde, Jenny zu sehen.

Es wurde halb eins, dann eins und schließlich zwei, drei und vier Uhr. Weder Jenny noch Willi ließen sich blicken. Meine Aufregung war stiller Verzweiflung gewichen. Was war nur schiefgelaufen?

Um fünf verließ ich das Lokal. Die Angst um Jenny ließ mich kaum mehr klar denken.

Zu Hause versuchte ich, Willi telefonisch zu erreichen: Der Anschluss unter seiner Nummer war gesperrt. Ich fuhr zu der auf der Quittung vermerkten Adresse – doch die von ihm angegebene Hausnummer gab es nicht.

Auch Rüdiger konnte mir nicht weiterhelfen.

Noch wollte ich nicht glauben, hereingelegt worden zu sein. Fluchthilfeorganisationen müssen sich eben perfekt tarnen, redete ich mir ein. Sicher hätte die Aktion aus irgendeinem Grund verschoben werden müssen, und Willi würde sich in Kürze bei mir melden. Dass Jenny verhaftet worden sein könnte, daran wagte ich kaum zu denken.

Am Pfingstmontag früh fuhr ich nach Ost-Berlin. Ich war erleichtert, sie zuhause anzutreffen. Aber ich bemerkte sofort, dass sie mit ihren Nerven völlig am Ende war.

„Ich habe gestern zwei Stunden an der Ecke gewartet, doch niemand kam. Kannst du dir vorstellen, wie das ist, wenn man bereit war, über Nacht alles aufzugeben und dann wieder nach Hause gehen muss?"

Jenny schluchzte. Meinen Versuch, sie zu umarmen, wehrte sie ab.

Ich konnte verstehen, dass sie auf mich böse war. Ich hatte sie schließlich in eine Situation gebracht, die für sie unerträglich gewesen sein musste. Es dauerte lange, bis sie sich wieder einigermaßen gefangen hatte. Warum die Sache schiefgegangen war, konnte ich ihr nicht erklären; ich wusste es ja selbst nicht.

„Jens, lass' uns Schluss machen. Ich halte das alles nicht mehr aus."

Ich spürte, dass sie es ernst meinte. Vielleicht hatte sie ja auch recht damit, dass es besser sei, wenn wir uns nicht mehr sehen würden. Doch um mich von ihr hier und jetzt endgültig zu trennen, fehlte mir die Kraft. Ich fühlte, wie meine Knie weich wurden.

„Jenny, bitte lass' uns beim nächsten Treffen noch einmal darüber reden. Die Ost-West-Gespräche über ein neues Passierscheinabkommen laufen noch. Ich bin sicher, dass Besuche schon bald wieder möglich sein werden. Und wenn du dann immer noch die Trennung willst, werde ich das akzeptieren."

Jenny nickte wortlos. Ich nahm ihren Kopf in meine Hände und küsste ihren Mund. Ich schmeckte das Salz ihrer Tränen. Mir war hundeelend zumute.

Ich ging zurück zum Grenzübergang im S-Bahnhof Friedrichstraße. Die Berliner nannten die Abfertigungshalle den „Tränenpalast". Jetzt wusste ich, warum.

Der Schock im Sommer 1966 saß tief: Die Zeitungen meldeten, dass die Verhandlungen über ein neues Passierscheinabkommen gescheitert seien und es ab sofort keine Besuchsmöglichkeiten mehr für West-Berliner in Ost-Berlin gebe. Die Mauer war wieder dicht. Für wie lange, stand in den Sternen.

Ich konnte Jenny nicht mehr erreichen. Telefonverbindungen nach Ost-Berlin gab es nicht, und Briefe würden bei der Stasi aufmerksame Leser finden. Was hätte ich darum gegeben, Jenny bitten zu können, uns noch eine Chance zu geben!

Nach vielen Anläufen war es mir gelungen, mit jemanden von der Fluchthilfeorganisation zu sprechen. Ich hatte es bereits geahnt, einen Willi kannte dort keiner. Wie dieser elende Halunke von den Fluchtabsichten Wind bekommen hatte, konnte man mir nicht sagen. Das Geld war jedenfalls weg.

Meine Hoffnung, dass West-Berliner zumindest über Weihnachten in den Osten fahren könnten, zerschlug sich. Die politische Situation war so verfahren, dass es, wie es hieß, sogar noch Jahre bis zu einer neuen Besuchsregelung dauern könnte. Es war zum Verzweifeln.

Es gab nur einen Ausweg: Mit einem westdeutschen Pass würde ich ein Einreisevisum bekommen können. Das Verfahren wäre zwar aufwendig und auch relativ teuer, würde mir aber erlauben, Jenny wenigstens hin und wieder zu besuchen. Bei einem Onkel, der in Hamburg wohnte, meldete ich mich polizeilich an, behielt aber meine Wohnung in Berlin und meinen West-Berliner Personalausweis. Im Januar 1967 stand ich bei Jenny vor der Tür.

„Jens!", rief sie. Sie fiel mir um den Hals und zog mich in die Wohnung. Beide fingen wir an, hemmungslos zu weinen …

Wir liebten uns und redeten, wir redeten und liebten uns. Wir wussten, dass es keine gemeinsame Zukunft für uns geben würde, doch wir wollten für immer miteinander verbunden bleiben.

„Jenny, wenn du jemanden treffen solltest, den …"

„Du musst nicht weiterreden", unterbrach sie mich und verschloss mit einem Finger meine Lippen. „Ich weiß, was du mir sagen willst. Das Gleiche gilt auch für dich, Jens. Aber lass' uns für immer Freunde sein."

Dieser verdammte Kalte Krieg, dachte ich. Warum durfte ich nicht, mit der Frau, die ich liebte, zusammenbleiben, eine Familie gründen und glücklich sein?

Die folgenden Jahre verliefen ziemlich turbulent. Es war die Zeit des 68er-Umbruchs. Vorlesungsstreiks, Sit-ins, die Demos gegen den Vietnamkrieg – all das führte unter den Studenten zu einem permanenten Erregungszustand, dem auch ich mich nicht entziehen konnte. Ich war zwar kein Student, trieb mich aber in dem Milieu herum – das heißt, vorzugsweise in Kreuzberger und Charlottenburger Kneipen.

Nach einiger Zeit begannen mich die selbsternannten kommunistischen und maoistischen Weltverbesserer unter den Studenten mit ihrem elitären Gebaren zunehmend zu nerven. Ich musste dann an Jenny denken, die ein paar Kilometer weiter erleben musste, was es heißt, in einem sozialistischen System zu leben.

Rüdiger sah ich nur noch selten. Ich war ziemlich überrascht gewesen, als ich hörte, er sei Mitglied eines marxistischen Hochschulbunds. Als er anfing zu studieren, hatte er noch mit dem Gedanken gespielt, einer konservativen Burschenschaft beizutreten.

Ich ging ein paar Beziehungen ein, die aber nie lange hielten, und machte ein paar Reisen. Ansonsten arbeitete ich in einem Studio als Fotograf. Immer nur Porträts und Hochzeitsbilder zu schießen, begann mich zunehmend zu langweilen. Ich bewarb ich mich beim „Berliner Abend" für ein Volontariat in der Bildredaktion und bekam die Zusage. Ich machte einen Luftsprung: Fotoreporter, das war es, was ich werden wollte.

Jenny besuchte ich nur noch selten. Ich hatte den Eindruck, dass wir uns immer mehr entfremdeten. Es ließ sich nicht übersehen, dass wir in zwei völlig verschiedenen Welten lebten. Nach jedem Besuch überkam mich Traurigkeit, und ich glaube, dass es Jenny genauso ging.

II

„Schläft er?“ Die Stimme der Frau kam dem Mann bekannt vor.

„Kann er mich hören, Herr Doktor?“

„Das wissen wir nicht.“

„Wird er durchkommen?“

„Sein Zustand hat sich wieder verschlechtert. Aber er wird jetzt nicht mehr beatmet. Wir haben ihn vorsichtshalber in ein künstliches Koma gelegt, genau gesagt in ein MCS.“

„MCS? Was bedeutet das?“, fragte die Frau.

„Minimal Conscious State. Minimaler Bewusstseinszustand.“

„Hat er Schmerzen?“

„Vermutlich nicht, er bekommt eine permanente Schmerzmittelinfusion.“

Die Stimme der Frau war auf einmal ganz nah. Gehörte sie Jenny? Er war sich nicht sicher.

„Jens, kannst du mich hören? Ich will dich nicht noch einmal verlieren, verstehst du?“

Der Rest ihrer Worte ging in einem Schluchzen unter. Es erinnerte ihn an Jennys Schluchzen, als er im Juli 1972 vor ihr stand.

Jenny und ich hatten uns eine gefühlte Ewigkeit nicht gesehen. Als ich sie dann zum ersten Mal wieder besuchte, fielen wir uns in die Arme und mussten heulen. Plötzlich war da nichts Trennendes mehr zwischen uns. Wir spürten, dass wir einander brauchten und für immer zusammengehörten.

Gerade war das Viermächteabkommen über Berlin in Kraft getreten, das den West-Berlinern jederzeit Tagesbesuche Ost-Berlins und der DDR ermöglichte. So oft ich konnte, besuchte ich jetzt Jenny, und jedes Mal wurde unsere Verbindung intensiver. Es gelang uns, so etwas wie Normalität in unsere Beziehung zu bringen und uns wieder als Paar zu empfinden. Verrückt war die Situation trotzdem; ich durfte nicht bei Jenny übernachten. Oft stand ich am nächsten Morgen wieder vor ihrer Tür.

Der Freitagabend war gewöhnlich unser Ausgehtag. Jenny und ich besuchten dann das noble Ganymed oder die Offenbachstuben und ließen es uns dort dank meines Westgelds gut gehen.

An diesem Abend wirkte Jenny irgendwie verstört. Sie war ungewohnt schweigsam.

„Was hast du, Jenny? Wo bist du mit deinen Gedanken?", fragte ich sie nach dem Essen

„Entschuldige, Jens. Ich hatte heute einen Besucher, der mich etwas durcheinandergebracht hat."

Würde sie mir jetzt mitteilen, dass sie einen neuen Freund habe? Mein Herz fing vor Angst heftig an zu klopfen.

„Was ist los, Jenny? Sag es mir bitte."

„Ich kann hier nicht mit dir darüber sprechen. Ich erzähle es dir nachher auf dem Heimweg."

Jetzt war mir klar, wer der Besucher nur gewesen sein konnte. Ich beugte mich zu Jenny und flüsterte ganz leise nur ein Wort in ihr Ohr: „Stasi?" Jenny nickte. Schweigend tranken wir unseren Wein aus und verließen das Ganymed.

Auf dem Schiffbauerdamm liefen wir in Richtung Friedrichstraße. Es war schon spät, und bis zwölf musste ich den Grenzübergang passiert haben. Jenny blickte sich mehrmals um, niemand schien uns zu folgen.

„Du wirst es nicht glauben, Jens. Die wissen alles über uns. Dass wir uns 1966 in Ungarn getroffen haben, dass du mich regelmäßig besuchst, dass du Fotograf bist und jetzt beim Berliner Abend arbeitest. Und dass wir uns lieben."

„Wissen sie auch, dass du vor sieben Jahren flüchten wolltest?"

„Ja, aber wer mir dabei helfen sollte, wissen sie nicht. Ich habe gesagt, dass ich damals mit dem Gedanken gespielt hätte, die DDR zu verlassen. Mir sei aber noch rechtzeitig klar geworden, wie egoistisch das gegenüber meinem Heimatland sein würde, dem ich so viel zu verdanken hätte."

„Hat man dir das abgenommen?" „Ich glaube ja."

„Und was wollte man heute von dir?"

„Ich soll dich aushorchen."

Vor Überraschung blieb ich für einen Moment stehen.

„Was? Was ist denn an mir so wichtig?"

„Es geht nicht um dich direkt, Jens. Es geht um deine Kollegen in der Redaktion."

Ungläubig schüttelte ich den Kopf.

„Was interessiert denn die Stasi an denen?"

„Einfach alles. Finanzielle Situation, politische Einstellung, irgendwelche dunklen Punkte und so weiter. Man will wohl herausfinden, wen man für eine Zusammenarbeit gewinnen kann. Oder dazu erpressen kann."

„Aber ich würde doch merken, dass du mich aushorchst."

„Deswegen soll ich sehr behutsam vorgehen und mir Zeit lassen, hat man mir gesagt. Du dürftest keinesfalls Verdacht schöpfen."

„Wie hast du es geschafft, aus der Nummer herauszukommen", fragte ich. Ich war mir sicher, dass eine Zusammenarbeit mit der Stasi für Jenny niemals in Frage kommen würde.

„Ich habe es nicht geschafft, Jens."

„Was?" Wieder blieb ich abrupt stehen.

„Der Mann von der Stasi hat mir gesagt, wenn ich nicht mitmachen würde, bekämst du ein Einreiseverbot. Begründungen ließen sich schon finden." Jenny fing an, leise zu weinen.

„Weißt du, was das bedeuten würde, Jens? Wir könnten uns nie mehr sehen. Nie mehr!"

Jennys Weinen wurde heftiger. Ich nahm sie in den Arm und versuchte sie zu beruhigen. Dabei war mir selbst auch zum Heulen zumute, vor Wut auf diesen verdammten Staat!

„Jenny, wir haben schon soviel gemeinsam überstanden, wir werden das auch dieses Mal schaffen", sagte ich. Wie, wusste ich allerdings nicht.

Jenny sagte dann noch, dass sie eine Verpflichtungserklärung unterschreiben musste. Sie würde jetzt in den Akten als „IM Piroschka“ geführt werden, also als sogenannte Inoffizielle Mitarbeiterin des Ministeriums für Staatsicherheit.

Natürlich kam es für mich nicht infrage, die Stasi mit irgendwelchen relevanten Informationen über meine Kollegen zu versorgen. Es waren nur Banalitäten, die Jenny und ich uns für ihre Berichte ausdachten. Nichts, was für Erpressungen oder Rekrutierungen reichte. Wir waren ziemlich naiv.

Nach ein paar Monaten merkte Jennys Führungsoffizier, dass weitere Recherchen nichts mehr brächten und ließ sie fortan in Ruhe. Ihr Kontakt mit der Stasi war damit beendet. So dachten wir jedenfalls.

An einem Freitag im August, wir waren wieder im Ganymed verabredet, sah ich Jenny vor der Tür des Restaurants stehen. Sie war völlig aufgelöst und wollte mit mir sofort zurück in ihre Wohnung. Kaum hatte sie die Tür hinter sich zugezogen, fing sie an zu flüstern:

„Jens, die Stasi ist misstrauisch geworden. Unter deinen Kollegen gibt es einen Spitzel, der gesagt hat, dass meine Informationen erfunden sein müssten. Ich habe das abgestritten und behauptet, dass dieser Kollege ein falsches Spiel treiben würde. Die Protokolle werden jetzt geprüft, in der nächsten Woche soll ich dazu gehört werden.“

Mir war sofort klar, dass das böse enden würde. Jenny musste raus aus der DDR, und zwar so schnell wie möglich. Diesmal würde ich die Sache selbst in die Hand nehmen, eine Fluchthilfeorganisation hätte mir zu viele Mitwisser. Die Zeit drängte; mir blieb weniger als eine Woche, um die Flucht vorzubereiten.

Nach zwei Tagen stand mein Plan, doch für den brauchte ich Rüdigers Hilfe. Mein Freund arbeitete seit kurzem als Assistenzarzt im Krankenhaus Berlin-Moabit. Ich rief ihn zu Hause an und war froh, dass er sofort am Telefon war.

„Können wir uns noch heute Abend treffen?" fragte ich. „Es eilt."

„Sicher. Was hältst du von der Paris Bar in der Kantstraße?"

„Paris Bar? Passt die denn in dein sozialistisches Weltbild?" Die kleine Frotzelei konnte ich mir nicht verkneifen. Die Paris Bar galt als Treffpunkt der arrivierten Berliner Bohème.

„Mein Gott, du weißt doch, dass ich mit den Roten nichts mehr am Hut habe. Das war doch eine Jugendsünde", gab er mir lachend zur Antwort. „Worum geht's denn, Jens?"

„Das möchte ich dir nicht am Telefon sagen."

„Also gut. Dann bis heute Abend."

Noch war es in der Paris Bar relativ ruhig. Wir fanden einen kleinen Tisch, an dem wir ungestört reden konnten. Richtig voll würde es in dem Restaurant erst ab Mitternacht werden.

„Was kann ich für dich tun, Jens?", fragte Rüdiger, nachdem wir über alte Zeiten und neuen Klatsch geplaudert hatten. Schön, wenn zwischen Freunden, die sich lange nicht gesehen haben, sofort wieder die alte Vertrautheit da ist.

Nach dem Essen war ich froh, endlich zur Sache kommen zu können.

„Ich brauche für einen Tag einen der Krankenwagen aus eurem Fuhrpark, mitsamt Papieren. Kannst du das arrangieren?"

Rüdiger verschluckte sich vor Überraschung an seinem Rotwein.

„Was? Wofür?" Er starrte mich mit weit aufgerissenen Augen an.

„Es geht um Jenny, Rüdiger. Ich muss sie aus Ost-Berlin rausholen. Und diesmal soll es klappen."

„Was hast du denn genau vor?"

„Ich will von Dreilinden-Drewitz über die Transitstrecke nach Marienborn fahren und unterwegs Jenny aufgabeln."

Rüdiger schüttelte verständnislos den Kopf.

„Aber du kannst doch nicht in die DDR allein einreisen und dann am Grenzübergang in Marienborn zu zweit auftauchen", sagte er.

„Natürlich nicht. Ich werde schon bei der Einreise in die DDR zu zweit sein", erklärte ich.

„Wer ist denn die zweite Person, mit der du losfährst?", fragte er.

„Keine Person, sondern eine Schaufensterpuppe, die hinten im Wagen liegt. Sie hat einen Kopfverband, so dass man das Gesicht nicht erkennen kann. Unterwegs halte ich und werfe die Puppe in den Wald. Inzwischen ist Jenny mit ihrem Trabi zu unserem vereinbarten

Treffpunkt an der Autobahn gefahren und wartet dort auf mich. Sie steigt zu, ich lege ihr einen Kopfverband an und dann geht es in Richtung Grenze."

Rüdiger schüttelte wieder den Kopf.

„Du bist verrückt, Jens. Die Grenzpolizei ist doch nicht blöd. Das klappt niemals."

„Weshalb denn nicht? Nach dem neuen Berlinabkommen werden nur noch die Personalausweise kontrolliert, aber nicht mehr die Fahrzeuge. Irgendeinen West-Berliner Personalausweis brauche ich natürlich für Jenny, den muss ich mir noch besorgen. Die DDR-Grenzer in Marienborn können nicht erkennen, dass das Passfoto nicht Jenny zeigt. Der Kopfverband lässt ja nur ihre Augen und ihre Nase frei."

„Und wenn Jenny auf der Transitstrecke beim Zusteigen beobachtet wird, was dann?"

„Das darf eben nicht passieren."

Ich spürte, dass Rüdiger verdammte Angst um mich und Jenny hatte. Aber er konnte mich von meinem Plan nicht abbringen.

„Okay, Jens. Ich sorge dafür, dass nächsten Freitag für dich ein Krankenwagen auf unserem Parkplatz steht. Ich kriege das hin, du kannst dich auf mich verlassen."

„Danke, Rüdiger. Ich wusste, dass du mir hilfst. Übermorgen besuche ich Jenny und mache mit ihr alles klar. Freitagabend fahre ich mit dem Krankenwagen wieder zurück, und Jenny kommt dann so bald wie möglich aus Hannover mit dem Flugzeug nach."

Ginge die Sache schief, würde uns das vermutlich ein paar Jahre Haft einbringen. Aber Jenny drohte auch eine hohe Gefängnisstrafe, würde die Stasi dahinterkommen, dass die Berichte für ihren Führungsoffizier erfunden waren.

Freitagvormittag schlüpfte ich in einen weißen Pflegerkittel und startete auf dem Parkplatz des Krankenhauses mit zitternden Händen das Fahrzeug. Auf der Trage hinter mir lag die Schaufensterpuppe, der ich einen professionellen Kopfverband verpasst hatte. Bevor ich losfuhr, atmete ich mehrmals tief durch, um mit meiner Angst fertig zu werden. Es gelang mir nur halbwegs.

An der Übergangsstelle in Drewitz gab es keine Probleme. Der DDR-Zöllner im Kontrollhäuschen nahm die beiden Ausweise und den Fahrzeugschein entgegen, guckte mich gelangweilt an und gab mir die Dokumente zusammen mit den beiden Transitvisa zurück. Ein Polizist blickte kurz durch die hintere Seitenscheibe, schüttelte mitleidig den Kopf und winkte mich weiter.

Langsam legte sich meine Aufregung, und ich konzentrierte mich darauf, den Kontrollpunkt zu verlassen.

Wie verabredet hielt ich auf der Autobahn an einem der ersten Rastplätze. Jetzt müsste alles sehr schnell gehen. Aber wo blieb Jenny? Es klopfte an der Beifahrertür; Jenny hatte sich unbemerkt herangeschlichen. Sie zog die Schaufensterpuppe aus dem Wagen und versteckte sie hinter dem Gebüsch neben dem Wagen. Als ein Auto sich näherte, duckte sie sich weg. Sie wartete, bis kein Auto mehr zu sehen war, stieg dann zu mir ein und legte sich hinten auf die Trage. Bis jetzt hatten wir kein Wort gewechselt.

„Geht es dir gut?“, fragte ich, als ich ihr den Kopfverband anlegte. „Mir ist kotzübel“, antwortete sie.

„Hast du den Trabi gut versteckt?“, fragte ich.

„Ja. Ich habe ihn in ein Waldstück gefahren.“

„Halte durch Jenny, es dauert nicht mehr lange. Die Grenzkontrollen sind lasch. Wir werden das schaffen.“ Ich sagte das, als ob ich auch zu mir selbst sprechen würde. Wegen des Verbandes, der jetzt auch Jennys Mund bedeckte, konnte sie nicht mehr antworten.

Das Ganze hatte nicht viel mehr als zwei, drei Minuten gedauert. Dann war ich zurück auf der Autobahn.

Nach etwa zwei Stunden kam der Grenzübergang Marienborn in Sicht. Ich hielt am Kontrollhäuschen und übergab Transitvisa und Ausweise dem DDR-Zöllner. Der guckte kurz, gab mir die Ausweise zurück und winkte mich weiter.

„Gleich haben wir es geschafft, Jenny“, flüsterte ich unhörbar leise. Noch ein paar Schranken und dann wären wir im Westen. Ich fühlte eine Glückswelle meinen Körper überfluten.

Plötzlich stoppte mich ein Volkspolizist. Er stand breitbeinig vor dem Wagen, öffnete die Fahrertür und herrschte mich an auszusteigen. Mein ganzer Körper fing an zu zittern. Laut dem Berlinabkommen mussten Fahrzeuge nur bei Verdacht auf Missbrauch verlassen werden. Hatte ich irgend etwas übersehen?

Der Polizist führte mich in eine Baracke.

„Sind Sie sich bewusst, dass Sie gegen die Gesetze der DDR verstoßen haben?“, fragte mich der uniformierte Mann hinter dem Schreibtisch.

„Nein. Was werfen Sie mir vor?", antwortete ich so ruhig, wie es mir möglich war. In meinem Innern machte sich die Angst breit.

„Sie haben die zulässige Höchstgeschwindigkeit streckenweise um mehr als zehn Stundenkilometer überschritten. Geben sie das zu?"

Das konnte unmöglich sein, da ich penibel darauf geachtet hatte, nicht zu schnell zu fahren. Doch ich war enorm erleichtert, dass mir nichts anderes vorgeworfen wurde. Ich verzichtete darauf zu widersprechen und erklärte, dass das leider passiert sein könne:

„Ich überführe eine Frau mit Gesichtsverbrennungen in eine Klinik in Braunschweig. Da habe ich wohl nicht richtig aufgepasst. Tut mir leid."

„Na schön. Ein Bußgeld wird Sie in Zukunft daran erinnern, vorsichtiger zu fahren", sagte der Uniformierte und kassierte vierzig Westmark von mir. Dann wünschte er mir noch eine gute Fahrt. Ich stieg schnell in den Wagen und fuhr los. Bis zum Übergang in den Westen waren es nur noch wenige hundert Meter.

Als ich endlich die Grenze passiert hatte, löste sich meine Anspannung; ich fing an, laut schreien:

„Jenny, wir sind im Westen", und dann noch einmal „Du bist frei!"

Der westdeutsche Zollbeamte winkte mich weiter zur Autobahn nach Helmstedt. Ich ignorierte seine Anweisung weiterzufahren und hielt auf dem Seitenstreifen. Ich wollte zunächst Jenny von dem Kopfverband befreien und sie ganz fest umarmen. Ich stieg aus, ging nach hinten, öffnete die Hecktür und blickte hinein …

Ich stand erstarrt da, als habe man mir die Sicherung herausgedreht: Jenny war nicht im Wagen! Auf der Trage lag nur noch das Verbandszeug.

Ich war wie benommen, unfähig, einen klaren Gedanken zu fassen. Mehrmals musste mich der Zollbeamte auffordern weiterzufahren. Ich lenkte den Krankenwagen auf den nächsten Rastplatz und versuchte, mich zu konzentrieren. Die DDR-Grenzer mussten gewusst haben, dass Jenny im Wagen gewesen war. Doch woher? Der Halt an der Grenze war nur inszeniert worden, um sie, von mir unbemerkt, festnehmen zu können.

Zurück nach Berlin fuhr ich wie in Trance. Dass die Grenzkontrollen ohne Probleme verliefen, nahm ich gar nicht richtig wahr. In meinem Kopf kreiste immer nur die gleiche Frage: Was wird mit Jenny passieren?

Rüdiger zeigte sich voller Mitgefühl. Genau wie ich wunderte er sich, warum man nicht auch mich verhaftet hatte.

Erst viel später sollte ich dafür eine Erklärung bekommen.

III

Wieso sitzt Jenny hier an meinem Bett?, fragte sich der Mann. Oder hatte er nur geträumt, ihre Stimme zu hören? Jenny hatte sich doch von ihm getrennt. Er war noch immer nicht in der Wirklichkeit angekommen. Sein Körper reagierte nicht auf seine Befehle, selbst die Augen konnte er nicht öffnen. Das Rauschen in seinem Kopf übertönte die Stimmen um ihn herum. Nein, Jenny hätte sich niemals von ihm getrennt, war er sich sicher. Aber er konnte sich genau an den Wortlaut ihres Briefs erinnern. Er kam aus der Frauenhaftanstalt Hoheneck in Sachsen.

Nach dem missglückten Fluchtversuch setzte ich alle Hebel in Bewegung, um näheres über den Verbleib von Jenny zu erfahren.

In West-Berlin wusste man nichts über ihr Schicksal; von den Ost-Berliner Behörden, bekam ich keine Antwort auf meine Anfragen. Und von Jenny selbst gab es keine Nachricht. Ich versuchte, mein normales Leben weiterzuführen. Ich arbeitete, traf mich mit Freunden, ging ins Kino und zum Handballspiel. Doch immer wieder überfiel mich die Traurigkeit, aus der manchmal schiere Verzweiflung wurde. Am schlimmsten war die Ungewissheit.

Ralf Schneider, ein Anwalt mit dubiosen Verbindungen nach Ost-Berlin, konnte mir schließlich weiterhelfen. Er habe erfahren, dass Jenny im Stasi-Gefängnis in Berlin-Hohenschönhausen einsäße und auf ihre Gerichtsverhandlung warten würde. Solange unterliege sie einem Kontaktverbot, dürfe also auch keine Briefe schreiben. Aber es gehe ihr den Umständen entsprechend gut.

Wann mit einem Urteil zu rechnen sei, fragte ich Schneider. Erfahrungsgemäß etwa ein halbes Jahr nach Beginn der Untersuchungshaft, meinte der Anwalt.

Im August 1973 war das halbe Jahr vorbei, und ich hoffte, endlich eine Nachricht von Jenny zu bekommen.

Am 2. September hielt ich einen Brief aus der Haftanstalt Hoheneck in meinen Händen:

Man habe ihr gesagt, dass ich im Westen sei und mich ihr Brief erreichen würde, schrieb sie. Sie sei wegen versuchter Republikflucht zu einer Haftstrafe verurteilt worden, hoffe aber bei guter Führung schon in naher Zukunft frei zu kommen … Es folgten ein paar Sätze, die teilweise geschwärzt waren. Dann las ich den letzten Absatz und konnte nicht begreifen, was da stand:

„Jens, ich will nicht länger mit einer Lüge leben. Ich habe dich einmal geliebt, aber das ist sehr lange her. Es tut mir leid, dass ich dein Vertrauen und deine Großzügigkeit missbraucht habe. Die ganze Stasi-Geschichte war von mir ausgedacht; ich bin niemals IM gewesen. Ich wollte die DDR nur verlassen, weil ich mir im Westen ein besseres Leben erhofft hatte. Und dazu brauchte ich deine Hilfe. Und fast hätte es ja geklappt. Verzeih mir, dass ich dich in große Schwierigkeiten gebracht hatte. Bitte schreibe mir nicht. Vergiss mich einfach, es ist vorbei.
Alles Gute, Jenny

Ich war wie vor den Kopf geschlagen. Konnte es sein, dass ich mich so in Jenny getäuscht hatte? Nein, das war unmöglich. Sie hatte mir nicht die Wahrheit geschrieben, war ich mir sicher. Jenny wollte mich freigeben, um mir ein neues Leben zu ermöglichen. Aus Liebe hatte sie sich von mir getrennt.

Ich schrieb ihr, dass ich für immer auf sie warten würde. Ohne sie könne ich mir eine Zukunft, egal, unter welchen Bedingungen, nicht vorstellen. Doch meine

Briefe kamen alle mit dem Vermerk „Annahme verweigert" zurück. Ich musste es wohl akzeptieren, nichts mehr von ihr zu hören.

Ich versuchte, mich damit abzufinden, doch es gelang mir nicht. Vielleicht könnte mir Schneider dabei helfen, Jenny in der Haftanstalt zu besuchen. Er empfing mich in seiner Charlottenburger Anwaltskanzlei und machte sofort meine Hoffnung zunichte:

„Eine Besuchsgenehmigung? Das können Sie vergessen. Hoheneck ist ein Frauengefängnis für politische Gefangene und Gewalttäterinnen. Nur enge Angehörige bekommen eine Besuchsgenehmigung, und das auch nur in Ausnahmefällen. Ich werde aber versuchen, an das Urteil heranzukommen."

Eine Woche später konnte er mir mehr sagen:

„Tut mir leid, Herr Reger. Ihre Freundin ist zu einer ungewöhnlich hohen Strafe verurteilt worden."

„Wie hoch denn?", fragte ich beunruhigt. Noch rechnete ich mit höchstens drei Jahren. Meine Hand begann zu zittern, ich musste die Kaffeetasse absetzen.

Schneider machte eine kleine Pause, als ob er fürchtete, mir die Wahrheit zu sagen.

„Sieben Jahre. Es sind sieben Jahre."

Die Zahl traf mich wie ein Schlag. Jetzt verstand ich endgültig, warum Jenny mich freigegeben hatte.

„Wie geht es ihr dort?" fragte ich, als ich wieder sprechen konnte.

„Nun, ich möchte Ihnen nichts vormachen. Die Haftbedingungen sind in Hoheneck verglichen mit anderen DDR-Gefängnissen besonders katastrophal."

„Was heißt das?"

„Wollen Sie das wirklich hören?"

„Ja bitte, ich muss das wissen."

Schneider nahm einen Schluck aus seiner Kaffeetasse und sah mich mitleidig an.

„Die Anstalt ist total überbelegt, die Verpflegung miserabel. Die Frauen fertigen im Dreischichtbetrieb Bettwäsche und ähnliches an, übrigens für den Westexport. Wer die Norm nicht erfüllt, wird mit Essensentzug bestraft. Schläge und Schikanen sind die Regel. Selbst bei kleinsten Vergehen gibt es Arrest in der Dunkelzelle. Soziale Kontakte unter den Gefangenen werden so weit es geht unterbunden. Soll ich weiterreden?"

Ich schüttelte den Kopf und versuchte, die aufsteigende Übelkeit zu unterdrücken.

„Kann ich denn gar nichts für Jenny tun?", fragte ich.

„Doch, vielleicht können Sie das. Ich nehme aber an, dass Ihnen das nicht gefallen wird, Herr Reger."

„Was meinen Sie damit?", wollte ich wissen.

„Das will ich Ihnen gern sagen. Es wäre doch damals einfach gewesen, nicht nur Jenny, sondern auch Sie festzunehmen. Haben Sie sich nie gefragt, warum man Ihnen den Grenzübertritt erlaubt hat?"

„Sicher habe ich das, und zwar unzählige Male."

„Im Westen dürften Sie der Stasi sicherlich nützlicher sein als in DDR-Haft. Ich glaube, dass man demnächst auf Sie zukommen und Ihnen einen Handel vorschlagen wird."

„Einen Handel? Ich habe nichts anzubieten."

Schneider blickte mich verwundert an.

„Seien Sie nicht so naiv, Herr Reger. Als Reporter verfügen Sie über wertvolle Insider-Informationen und Kontakte. Es muss etwas geben, was Sie für die Stasi besonders interessant macht. Und als Gegenleistung für Ihre Kooperation käme Jenny vorzeitig frei."

Das wäre Erpressung. Die Stasi wusste sicher, dass ich so gut wie alles für Jenny tun würde. Jeder Tag, den Jenny länger in Hoheneck verbringen müsste, täte mir in der Seele weh. Schneider sah, wie ich mit mir rang.

„Warten Sie ab, ob ich mit meiner Vermutung recht habe. Man schätzt mich drüben als vertrauenswürdigen Partner. Ich nehme an, dass man mich um Vermittlung bitten würde. Sie haben dann Zeit, sich zu überlegen, was Sie tun wollen. Mit meiner Verschwiegenheit als Anwalt können Sie in jedem Fall rechnen."

Mir war klar, dass ich Jenny für immer verloren hatte. Für uns konnte es keine gemeinsame Zukunft geben. Aber ich wäre bereit, fast jeden Preis zu bezahlen, wenn ich ihr damit auch nur einen Monat Haft ersparen könnte.

Ein Jahr verging, ohne dass ich etwas von Rechtsanwalt Schneider hörte – die Stasi hatte es wohl nicht eilig, mit mir in Verbindung zu treten.

Es war an der Zeit, nach vorn zu blicken. Sollte ich weiter mit dem Schicksal hadern? Nein, das wäre sinnlos. Selbstmitleid würde weder Jenny noch mir helfen. Ich versuchte, die Gedanken an sie und an das, was sie zu erleiden hatte, aus meinem Kopf zu bekommen. Ich stürzte mich in die Arbeit und wurde sogar Leiter der

Bildredaktion des „Abends". Zu verdanken hatte ich das nicht zuletzt der Fürsprache des Mitherausgebers Dr. Langner. Ihn hatte eine Fotoreportage von mir über Obdachlosigkeit in Berlin stark beeindruckt.

Zur Jahreswende 1974/75 veranstaltete unsere Zeitung eine kleine Silvesterfeier. Natürlich war dabei auch Alkohol im Spiel, und so blieb es nicht aus, dass zu vorgerückter Stunde zwischen einigen von uns der Kontakt über das berufliche Maß hinausging. Kurz gesagt: Am Neujahrsmorgen fand ich mich im Bett von Kathrin wieder, einer hübschen, patenten Kollegin aus der Kulturredaktion. Ein Jahr später waren wir verheiratet.

Warum ich geheiratet hatte? Ich war jetzt einunddreißig und wollte endlich eine stabile Partnerschaft mit Kind und allem, was dazu gehört. Das war das, was ich mir mit Jenny erträumt hatte.

Aber Kathrin war nicht Jenny; Liebe lässt sich nicht erzwingen.

In unserer Ehe, sie blieb kinderlos, gab es keine ernsthaften Probleme. Wir hatten eine schöne Wohnung, verstanden uns gut, luden Freunde ein und machten viel gemeinsam - doch es war eine Art gut funktionierender Wohngemeinschaft mit einem gemeinsamen Schlafzimmer, nicht mehr.

Immer, wenn ich mich in unserer Beziehung besonders wohl fühlte, begann Traurigkeit in meine Seele zu kriechen. Ich musste dann an Jenny denken, und ich fragte mich, wie es ihr in Hoheneck gerade erging. Ich grübelte dann wieder darüber nach, warum der

Fluchtversuch schiefgegangen war. Was hatte ich nur übersehen? Alles war doch perfekt geplant!

Im Januar 1975 rief mich Rechtsanwalt Schneider an und bat mich, in die Kanzlei zu kommen. Es gebe neue Informationen. Mehr könne er mir am Telefon nicht sagen. Ich war darauf gefasst, dass ich für die Stasi arbeiten müsste, wenn Jenny freikommen sollte. Wie ich mich dann entscheiden würde, wusste ich nicht.

„Kommen Sie, Herr Reger, setzen Sie sich.“, begrüßte mich Schneider. Ich nahm vor seinem Schreibtisch Platz. Ich war gespannt, was er mir mitteilen wollte.

„Ein Vertreter des Ministeriums für Staatssicherheit hat mir mitgeteilt, dass Jennys Ausreise in den Westen nichts entgegenstünde …“ Schneider machte eine kleine Pause und fuhr dann fort „… wenn Sie, Herr Reger, bereit wären, dieses Entgegenkommen mit einer Gefälligkeit im Dienst des Friedens zu honorieren.“

Da war er, der Handel, den ich befürchtet hatte.

„Was erwartet die Stasi von mir, Herr Schneider?“

„Das weiß ich nicht. Man wird es Ihnen persönlich sagen.“

„Und wann käme Jenny frei?“

„Etwa in einem halben Jahr. Ich vermute, dass bis dahin Jenny von der Bundesregierung freigekauft sein könnte.“

„Freigekauft? Was heißt das? Davon habe ich noch nie etwas gehört.“

„Kein Wunder, das Geschäft wird äußerst diskret gehandhabt. Bereits seit den sechziger Jahren bezahlt die

Bundesregierung für vorzeitig freigelassene politische Häftlinge hohe Summen. Die Rede ist von vierzig- bis neunzigtausend D-Mark pro Person. Die Stasi möchte wohl in Jennys Fall zwei Fliegen mit einer Klappe schlagen. Man will Sie zwingen, für die Staatssicherheit zu spionieren und gleichzeitig das Geld für Jenny kassieren. Spielen Sie nicht mit, würde die DDR dem Häftlingsverkauf nicht zustimmen und Jenny hätte die volle Zeit abzusitzen. Ich muss Ihnen nicht sagen, was das für Jenny bedeutet. Eine Ausreise käme dann natürlich auch nicht mehr in Frage."

„Und wenn ich der Stasi diese sogenannte Gefälligkeit erweisen würde, ließe man mich zukünftig in Ruhe?", fragte ich.

„So hat man es mir gesagt, und so merkwürdig es klingt, bisher konnte ich mich immer auf das Wort der Stasi verlassen."

Mir war klar, dass ich Jenny helfen musste. Auch wenn der Preis dafür hoch sein würde.

„Bitte sagen Sie Ihren Gesprächspartnern drüben, dass ich wissen möchte, was man von mir will."

Eine Woche später fand ich in meinem Briefkasten eine Eintrittskarte für die Vormittagsvorstellung am kommenden Montag im Royal Palast, Raucherloge, letzte Reihe, Platz 2. Gespielt wurde bereits seit Wochen der „Krieg der Sterne".

In dem riesigen Kino im Europa-Center verloren sich ein paar Besucher, und in der Raucherloge saß außer mir niemand. Der Hauptfilm lief bereits ein paar Minuten, als ein Mann neben mir Platz nahm. Sein Gesicht konnte ich in der Dunkelheit kaum erkennen.

„Herr Reger?“ „Ja.“

„Entschuldigen Sie, dass wir uns jetzt erst bei Ihnen melden ...“ Das sollte wohl Stasi-Humor sein, aber mir war nicht zum Schmunzeln zumute, „...aber wir mussten ja auf Ihre Beförderung in die Redaktionsleitung warten“, redete er leise weiter. „Es dürfte Ihnen jetzt nicht schwerfallen, sich unbemerkt Zugang zum Büro des Mitherausgebers Dr. Langner zu verschaffen, oder?“

„Ich denke, das ist möglich“, flüsterte ich.

„Ich sage Ihnen jetzt, was Sie zu tun haben, Herr Reger.“ Er drückte mir eine kleine runde Dose in die Hand.

„Gehen Sie in das Büro, schrauben Sie vom Telefonhörer den Deckel der Sprechmuschel ab, und legen Sie das runde Metallstück aus der Dose in die Muschel. Schrauben Sie dann den Deckel wieder fest zu. Das ist alles.“

„Das ist wirklich alles?“, fragte ich. „Und was ist mit Jenny?“

„Sobald Sie Ihre Aufgabe erledigt haben, veranlassen wir die Ausreise Ihrer Freundin. Spätestens in ein paar Wochen können Sie sie in die Arme schließen.“

„Können Sie mir das garantieren?“

„Sicher, die Staatssicherheit der DDR hält, was sie verspricht.“ Das glaubte ich ihm aufs Wort.

Der Mann erhob sich und beugte sich zu mir: „Noch etwas. Wenn Sie uns hintergehen, werden Sie Ihre Jenny nie wiedersehen.“

Dann verschwand er.

Von Dr. Langner war bekannt, dass er im Vorstand des Kuratoriums Unteilbares Deutschland saß, das das Ziel vertrat, den Gedanken an die deutsche Einheit wachzuhalten. Für die DDR gehörte die Organisation damit zum Klassenfeind, der auf allen Ebenen bekämpft werden müsste - und das jetzt mit meiner Hilfe. Die meisten Mitglieder des Kuratoriums waren strikte Gegner der von Willi Brandt eingeleiteten neuen Ostpolitik. Das Aushorchen von Dr. Langner wäre so etwas wie mein Beitrag zur Entspannungspolitik, redete ich mir ein. Aber das machte die Sache nicht besser. Würde ich mitmachen, wäre das nicht nur Landesverrat, sondern auch Verrat an meinem Förderer Dr. Langner. Sollte ich mich weigern, drohten Jenny weitere Jahre Haft in der Hohenecker Hölle.

Die Dose mit der Abhörwanze brannte in meiner Hand wie Feuer. Was sollte ich nur tun?

Der Zufall gab letztlich den Ausschlag. Am nächsten Morgen rief mich Dr. Langner in sein Büro. Es ging um unsere geplante Serie „Berliner Köpfe", über die er mit unserem Chefredakteur Peter Skoda und mir sprechen wollte.

Skoda schien sich etwas zu verspäten, und Dr. Langner nutzte die Zeit, um noch einmal kurz zu verschwinden.

Ohne nachzudenken nahm ich den Hörer vom Telefon auf dem Schreibtisch und installierte die Wanze. Ich brauchte dafür nur wenige Sekunden.

Sofort wusste ich, dass ich eine Riesendummheit begangen hatte. Ich muss das rückgängig machen, schoss es mir durch den Kopf. Ich wollte mir gerade den Telefonhörer greifen, um die Wanze wieder herauszuholen, doch da stand schon Peter Skoda in der Tür, und kurz danach kam Dr. Langner zurück.

Was habe ich nur getan, dachte ich immer wieder. Dr. Langner merkte, dass ich unkonzentriert war.

„Wo sind Sie heute mit Ihren Gedanken, Jens?", fragte er. „Tut mir leid, es ist wieder der leidige Weisheitszahn", erklärte ich.

„Na, dann lassen Sie ihn sich doch endlich mal ziehen. Oder haben Sie Angst."

Die hatte ich, große sogar. Aber nicht vor dem Zahnarzt, sondern vor den Konsequenzen meiner Tat.

Es gab nur eine Möglichkeit, mich aus der gefährlichen Situation zu befreien, ohne Jenny zu gefährden. Ich brauchte Rückendeckung vom West-Berliner Geheimdienst.

In einem kleinen Raum im Landesamt für Verfassungsschutz in Zehlendorf saßen mir zwei Beamte gegenüber und hörten sich meine Geschichte an. Der jüngere der beiden schwieg die ganze Zeit und machte sich Notizen. Der ältere hatte schnell kapiert, worum es mir ging.

„Wir könnten Herrn Dr. Langner darüber informieren, dass wir sein Telefon aus einem wichtigen Grund für ein paar Wochen verwanzen müssen. Ich glaube nicht, dass er uns Schwierigkeiten in den Weg legen würde. Wir würden ihn bitten, nur noch unverfängliche Gespräche zu führen und ab und zu mit ein paar gezielten Falschinformationen Verwirrung zu stiften. Sobald ihre Freundin im Westen ist, würden wir die Stasi-Wanze entfernen."

Das war mehr, als ich erwartet hatte. Jenny würde ausreisen können, und ich wäre noch einmal davongekommen. Ich stand erleichtert auf.

Als ich fast an der Tür war, bat mich der ältere zu warten:

„Einen Moment noch, Herr Reger. Würden Sie uns für unser Entgegenkommen einen Gefallen tun?"

„Natürlich meine Herren, was erwarten Sie von mir?" Mir wurde wieder einmal flau im Magen. Mit Recht:

„Wir brauchen dringend mehr Informationen über die linke Szene in Berlin. Sie als Journalist könnten uns dabei helfen. Sprechen Sie mit Sympathisanten aus Presse, Kultur und Hochschule. Sie wissen schon, Leute, die den Linksextremismus klammheimlich befürworten. Tragen Sie alles zusammen, was Sie in Erfahrung bringen können, auch scheinbar Unwichtiges. Wir erwarten alle zwei Wochen einen Bericht von Ihnen. Geht das in Ordnung?"

Die Drohung war offensichtlich: Würde ich nicht mitspielen, wäre der Handel mit der Stasi geplatzt. Und ich müsste vielleicht sogar mit einer Anklage wegen Landesverrats rechnen.

„Selbstverständlich, meine Herren. Sie können sich auf meine Kooperation verlassen."

Die Berichte könnten sie von mir bekommen, mehr als belangloses Geschwätz würden sie nicht enthalten.

Endlich kam der ersehnte Anruf. Rechtsanwalt Schneider bat mich in seine Kanzlei. Er habe gute Nachrichten. Ich fuhr sofort zu ihm. Er öffnete mir selbst.

„Herr Reger, ich darf Ihnen die erfreuliche Mitteilung machen, dass Jenny sich seit einer Woche in Westdeutschland aufhält. Sie ist von der Bundesregierung freigekauft worden. Ich möchte Ihnen nicht verheimlichen, dass ich daran nicht ganz unwesentlich beteiligt war."

Das war in der Tat eine gute Nachricht. Ich spürte enorme Erleichterung. Auch darüber, dass damit meine Rolle als V-Mann für den Staatsschutz beendet war.

„Können Sie mir sagen, wo Jenny jetzt wohnt?", fragte ich.

Schneider schüttelte bedauernd den Kopf.

„Das darf ich leider nicht, und ich weiß es auch nicht. Außerdem hat man mir gesagt, dass Jenny nicht wünsche, dass man Sie über ihren Aufenthaltsort informiert."

Ich konnte Jenny verstehen. Wir hatten jahrelang jeder ein Leben geführt, das unterschiedlicher nicht hätte sein können. Sie musste damit rechnen, dass ich inzwischen verheiratet und vielleicht sogar Vater geworden war. Nach dieser langen Zeit wieder in mein Leben treten zu wollen, kam für sie nicht in Frage. Das war bitter, doch ich akzeptierte es. Was blieb mir auch weiter übrig!

Eines Montagabends saß ich mit zwei Kollegen aus der Redaktion im „Zwiebelfisch" am Savignyplatz. Noch ein Bier und dann würden wir den Heimweg antreten.

Vom Tisch hinter mir hörte ich eine tiefe Stimme, die mich wegen des rheinländischen Dialekts zusammenzucken ließ. Langsam drehte ich mich um und fand meine Vermutung bestätigt. Im Gesicht etwas schmaler, die langen Haare dünner und auf der Nase eine Nickelbrille - die Ähnlichkeit des Mannes mit John Lennon war auch nach fünfzehn Jahren frappierend.

Kein Zweifel, es war Willi! Er sah mich an, schien mich aber nicht zu erkennen.

Willi stand jetzt auf, zog sich seine Lederjacke an und ging zur Tür. Er darf mir nicht entwischen, das war in dem Moment mein einziger Gedanke. Ich erhob mich, nickte meinen Kollegen kurz zu, und folgte ihm. Nach ein paar Schritten kehrte er um und verschwand auf die Toilette. Gut, dachte ich, dort könnte ich ihn zur Rede stellen.

Niemand war zu sehen. Zwei der drei Kabinentüren standen offen, eine war geschlossen. Ich stellte mich davor und wartete. Willi ließ sich Zeit.

Ich fühlte, wie aus meinem Ärger Wut wurde und aus Wut blinder Hass. Ihn machte ich dafür verantwortlich, dass Jenny und mir ein gemeinsames Leben verwehrt worden war und sie drei schreckliche Jahre in Hoheneck verbringen musste. Das war natürlich absurd; dass er nur ein kleiner mieser Betrüger war, verdrängte ich völlig.

Die Klotür ging auf, Willi kam heraus und nestelte mit beiden Händen an seinem Hosenbund herum.

Ohne nachzudenken schlug ich ihm mit voller Wucht meine Faust ins Gesicht. Er plumpste zurück auf die Kloschüssel und starrte mich fassungslos an. Aus seiner Nase tropfte Blut.

„Du elende Ratte, du hast mein Leben ruiniert!", brach es aus mir heraus. Erst jetzt erkannte er mich und fand seine Sprache wieder.

„Wer so blöd ist wie du, darf sich nicht wundern, wenn man ihn aufs Kreuz legt. Ich hätte niemals gedacht, dass du es mir so einfach machen würdest."

Willi holte ein Taschentuch hervor und wischte sich das Blut aus dem Gesicht. Er blickte mich ängstlich an; noch immer stand ich mit erhobener Faust über ihm.

„Wer hat dir denn den Tipp über die Fluchtabsicht gegeben?"

Erst als ich drohte, wieder zuzuschlagen, antwortete er hastig:

„Das war dein Freund Rüdiger. Wir haben uns ausgedacht, wie wir dich reinlegen könnten. Von den fünftausend Mark hat er dreitausend verlangt und auch bekommen."

Ich schaute ihn entgeistert an. Willi nutzte die Chance, um an mir vorbei zu huschen und zu verschwinden. Ich war zu verblüfft, um ihm zu folgen.

Ich konnte nicht glauben, was ich gehört hatte.

Seit meiner Schulzeit war ich mit Rüdiger befreundet. Sicher, für eine schnelle Mark hatte Rüdiger immer etwas übriggehabt. Dass er Karriere machen und viel Geld verdienen wollte, stand für ihn schon früh fest. Und er suchte immer die Seite, auf der er für sich die größten Vorteile vermutete. Aber mich zu betrügen, das traute ich ihm nicht zu. Doch er musste Willi ja gut gekannt haben! Mir gegenüber hatte er das damals verneint.

Je länger ich darüber nachdachte, desto weniger unwahrscheinlich erschien es mir, dass Rüdiger tatsächlich mit Willi gemeinsame Sache gemacht hatte. Und dann keimte noch ein anderer Verdacht in mir auf: War es vielleicht Rüdiger, der Jenny und mich an die Stasi verraten hatte?

Die enge Freundschaft, die Rüdiger und mich früher verbunden hatte, gehörte schon lange der Vergangenheit an. Wir versuchten aber, uns wenigstens ein- oder zweimal im Jahr zu treffen, um über alte Zeiten zu plaudern. Viel Gemeinsames hatten wir nicht mehr, dazu lebten wir in zu unterschiedlichen Welten.

Rüdiger betrieb eine Klinik für Plastische Chirurgie in einer repräsentativen Villa in Berlin-Dahlem. Zu seiner Klientel gehörten viele Prominente, die man aus der Klatschpresse kannte. In seinen Augen war ich nur ein kleiner Fotoreporter eines unbedeutenden Berliner Regionalblatts.

Am nächsten Morgen stürmte ich unangemeldet in die Klinik und hoffte, Rüdiger in seinem Büro anzutreffen. Ich wusste, dass er normalerweise dienstags nicht operierte. Die Dame am Empfang konnte mich nicht aufhalten. Ohne anzuklopfen lief ich in sein Büro.

Rüdiger saß hinter dem Schreibtisch und blickte mich erstaunt an.

„Jens, was ist los? Brauchst du eine neue Nase?"

„Lass' deine Scherze." Ich hatte mir zwar fest vorgenommen, sachlich zu bleiben, doch ich merkte, wie mich wieder die Wut übermannte. „Warum hast du mich belogen und betrogen?"

Rüdiger blieb vor Überraschung der Mund offenstehen.

„Bist du total übergeschnappt, Jens? Was soll das? Setz' dich erstmal, und erkläre mir, was du meinst."

„Du hast mich damals zusammen mit Willi reingelegt."

„Meinst du den Willi, der dir damals fünftausend Mark abgeluchst hat? Den kannte ich doch gar nicht."

„Aber er kannte dich. Ich habe ihn gestern zufällig getroffen."

Rüdiger sah mich irritiert an.

„Kann ja sein. Vielleicht war das irgendein Typ aus meiner Studentenclique, der mitbekommen hat, dass ich für dich Verbindung zu Fluchthelfern gesucht hatte."

Rüdiger merkte, dass ich unsicher wurde. Er machte eine kleine Pause und fuhr dann fort:

„Glaubst du denn wirklich, dass ich wegen lumpiger dreitausend Mark unsere Freundschaft aufs Spiel gesetzt hätte?"

Ich zuckte zusammen. Von dreitausend Mark war mit keiner Silbe in unserem kurzen Gespräch die Rede gewesen. Zu spät merkte er, dass er sich damit verraten hatte. Merkwürdig, statt Wut fühlte ich nur noch Verachtung für ihn.

Rüdiger begann zu erklären, er habe nicht gewusst, dass ich Jenny über die Flucht informieren sollte:

„Ich dachte, sie würde von dem Plan gar nichts mitbekommen", versuchte er sich herauszureden.

Aber das interessierte mich jetzt nicht mehr. Ich fragte mich nur, ob die Stasi von ihm erfahren hatte, dass ich Jenny mit dem Krankenwagen in den Westen schmuggeln wollte. Er stritt das vehement ab:

„Nein, Jens. Was hätte ich denn davon gehabt? Ich hatte ein furchtbar schlechtes Gewissen und wollte euch doch helfen. Wenn rausgekommen wäre, dass ich dir den Krankenwagen besorgt hatte, wäre ich meinen Job als Arzt losgewesen."

Das klang plausibel. Doch wer war es dann, der uns verraten hatte?

Beim Hinausgehen griff ich mir die Ming-Vase, die an der Bürotür auf einem Marmorsockel stand. Die Vase sei fast so teuer wie sein Mercedes, hatte Rüdiger mir mal stolz erklärt. Ich drehte mich um und schmiss das Ding in Richtung Schreibtisch. Auf dem Flur hörte ich das Klirren und den entsetzten Aufschrei von Rüdiger.

1985 ließen Kathrin und ich uns scheiden. Es gab noch nicht einmal einen triftigen Grund dafür, außer dass unsere Liebe nicht groß genug war, um mit den Widrigkeiten des Alltags fertig zu werden. Für eine Vernunftehe waren wir wohl beide auf Dauer nicht geeignet. Die Trennung verlief einvernehmlich, es gab weder Verlierer noch Gewinner.

Meine Sehnsucht nach Jenny wurde kleiner. Ich dachte nicht mehr jeden Tag an sie, sondern nur dann, wenn mich etwas an sie erinnerte - ein Bild, ein Song oder der Gang über einen Rummelplatz.

IV

Als der Mann erwachte, befand er sich nicht mehr auf der Intensivstation. Er fühlte sich schwach und müde, wusste aber sofort, wer und wo er war: Jens Reger, 76 Jahre, Corona-Patient in der Charité, jetzt in einem normalen Krankenzimmer. Doch seine Erinnerung an die Zeit im Krankenhaus war seltsam blass und verworren. Hatte ihn wirklich Jenny besucht? Oder war es Kathrin? Nein, Kathrin wusste sicher nichts von seiner Erkrankung. Nach der Scheidung hatten sie sich nur selten getroffen. Warum auch? Er wollte damals eigentlich niemanden treffen, und sie konnte es nicht mit ansehen, wie er sich immer mehr von seinen depressiven Stimmungen beherrschen ließ. Die zehn Jahre nach ihrer Scheidung waren für ihn eine freudlose Dekade, in der eine dunkle Wolke über sein Leben zu schweben schien. Er arbeitete, achtete auf seine Gesundheit und spielte ab und zu Handball. Doch die Fähigkeit zum Glücklichsein war ihm abhandengekommen. Selbst der Mauerfall, der die ganze Nation in einen Taumel versetzte, ließ ihn merkwürdig kalt. Erst eine unverhoffte Begegnung im Frühjahr 1995 konnte ihn aus seiner seelischen Erstarrung befreien.

An der Kreuzung Kurfürstendamm Ecke Joachimsthaler Straße wartete ich in meinem Auto ungeduldig auf die Weiterfahrt. Ich hatte es eilig, um zehn begann die Pressekonferenz in der Industrie-und Handelskammer. In der Fußgängergruppe, die jetzt die Straße überquerte, fiel mir eine junge Frau auf, die mich an Jenny denken ließ – die gleiche Figur, der gleiche federnde Gang. Als sie mir das Gesicht zuwandte, traf es mich wie ein Blitz. Es war Jenny!

Die dunkelblonden Locken, die in die Stirn hingen, die braunen Augen mit den darüber liegenden ungewöhnlich geraden Brauen, das Kinn mit dem Grübchen – kein Zweifel, ich hatte Jenny gesehen. Ein paar Sekunden später war sie im Getümmel verschwunden.

Die Ampel zeigte grün, aber ich saß immer noch wie versteinert hinter dem Lenkrad. Erst das Hupkonzert hinter mir brachte mich wieder zur Besinnung. Bei der erstbesten Möglichkeit hielt ich an, und atmete ein paarmal tief ein und aus. Wie war das möglich? Das letzte Mal hatte ich Jenny vor über zwanzig Jahren gesehen. Und seitdem soll sie keinen Tag gealtert sein? Es gab nur eine Erklärung: Jenny hatte eine Tochter, die ihr wie aus dem Gesicht geschnitten war.

In mir wechselten Erleichterung und Eifersucht einander ab; ich war völlig durcheinander. Einerseits schmerzte es mich, dass sie ihr Glück anscheinend an der Seite eines anderen Mannes gefunden hatte, andererseits war ich froh, dass Jenny die Haft in Hoheneck ohne Trauma überstanden haben musste.

Ich fühlte mich plötzlich wie befreit: Jahrelang hatte ich unter dem Gefühl gelitten, Jennys Leben zerstört und sie im Stich gelassen zu haben. Sicher war das auch die Ursache für die Schwermut, die mich manchmal wie ein Blitz aus heiterem Himmel überfiel.

Es gab keinen Grund mehr, mich vor einer Begegnung mit Jenny zu fürchten. Es würde dabei nicht um Schuld, Bedauern und Versäumnisse gehen, sondern um die Versöhnung mit einem Schicksal, das uns nicht erlaubt hatte, miteinander glücklich zu werden.

Ich musste Jenny finden, und ich wollte auch ihre Familie kennenlernen.

Meine Recherchen bei den Einwohnermeldeämtern hatten keinen Erfolg. Möglicherweise sei Jenny verheiratet und habe jetzt einen anderen Familiennamen, wurde mir gesagt. Oder die Eintragung sei auf polizeiliche Anordnung gelöscht. Das gebe es, wenn das Leben der betreffenden Person gefährdet sei.

Es gab noch eine letzte Möglichkeit:

Im Stasi-Unterlagen-Archiv in Berlin-Lichtenberg stellte ich einen Antrag auf Einsicht in die Akten. Als Journalist genoss ich eine bevorzugte Behandlung und brauchte nicht lange zu warten.

Ich stieß tatsächlich auf Informationen über Jenny und auch über mich. Jenny wurde von der Stasi als IM Piroschka geführt, wegen „Unergiebigkeit der Quelle" habe aber der Kontakt zu ihr abgebrochen werden müssen. Angaben über den Wohnort nach ihrer Ausreise fand ich nicht, aber einen Hinweis, dass sie auch im Westen von Stasi-Mitarbeitern überwacht werden sollte. Dann las ich, wer den Fluchtversuch der Stasi verraten hatte. Es war nicht Rüdiger, sondern die „IM Restauratorin"!

Natürlich, Jennys Kollegin und Freundin Nora war die Denunziantin! Jenny musste sie ins Vertrauen gezogen haben. Vermutlich hatte Nora gehofft, für ihren Verrat mit einer Leitungsposition in der Nationalgalerie belohnt zu werden.

Noras Adresse stand im Telefonbuch. Ich fuhr nach Berlin-Weißensee, um sie zur Rede zu stellen. Eine Frau öffnete mir die Tür und stellte sich als Noras Tochter vor.

„Sie wollen meine Mutter besuchen? Bitte, kommen Sie mit ins Wohnzimmer."

Die Fenstervorhänge im Zimmer waren zugezogen, Licht brannte nicht. Vor dem Fernsehgerät saß eine ältere Frau im Morgenmantel. Es lief gerade eine Quizshow, der Ton war ausgeschaltet.

„Nora, ich bin's, Jens. Ich habe ein paar Fragen."

Nora reagierte nicht. Sie starrte weiter auf den Bildschirm.

„Vergessen Sie es", sagte ihre Tochter. „Meine Mutter hatte vor drei Jahren einen Schlaganfall. Sie hat sich davon nicht mehr erholt."

Ich empfand keine Genugtuung. Es erschütterte mich, Nora so sehen zu müssen.

Nachdenklich fuhr ich nach Hause. Es wurde Zeit, von der Vergangenheit Abschied zu nehmen. Ich war jetzt dreiundfünfzig, vor mir lag noch fast ein halbes Leben. Ich fühlte mich fit, hatte nette Kollegen, gute Bekannte, einen Beruf, der mir Spaß machte und verdiente mir mit meinen Fotos noch ein paar Mark nebenbei. Mir fehlte nichts. Die Liebe? Nein, dachte ich, man kann auch ohne Liebe leben. Das muss ich eben noch lernen.

Kathrin wurde mir zu einer guten Freundin. Sie bestärkte mich darin, nach vorn zu blicken:

„Hör' auf, einem Traum hinterher zu jagen", sagte sie. „Wenn ihr wirklich füreinander bestimmt seid, dann wird euch das Schicksal auch wieder zusammenbringen."

Nur glaubte ich nicht an ein Schicksal, das unser Leben vorherbestimmt. Aber sie hatte natürlich darin recht, dass ich nichts erzwingen könne.

Sechs Jahre später änderte sich für mich alles. Schicksal? Zufall? Was spielte das für eine Rolle! Einzig und allein zählte, dass ein kurzer Augenblick an einem Abend im Oktober 2005 mein Leben auf den Kopf stellte.

Die Einladung zu einer Vernissage im Ungarischen Kulturinstitut hatte sich interessant angehört: „Der Zauber Ungarns. Menschen, Städte, Landschaften". Deutsche und ungarische Künstler würden unter diesem Titel Aquarelle und Zeichnungen ausstellen. Ich hatte nichts anderes vor und machte mich auf den Weg.

Natürlich kamen alte Erinnerungen in mir hoch. Ungarn, der Balaton, Jenny ... Doch anders als früher schmerzte die Wehmut, die ich dabei empfand, nicht mehr. Ich hatte gelernt loszulassen.

In den Räumen herrschte das bei einer Ausstellungseröffnung übliche Gedränge. Ich kannte niemand von den Gästen und fühlte mich ein wenig verloren. Ich griff mir ein Glas Tokajer und wanderte von Bild zu Bild. Einige gefielen mir richtig gut, andere sagten mir nichts. Wie das so ist auf einer Kunstausstellung.

Vor einem Aquarell, das den Plattensee zeigte, stockte mir der Atem. Genau dieses Motiv hatte ich vor vierzig Jahren am Balaton mit meiner Kamera eingefangen – den See im Hintergrund, die auf dem Bootssteg sitzende Jenny und unsere auf dem Boden liegenden Fahrräder. Fassungslos starrte ich auf das Bild. Signiert war es mit einem geschwungenen J – Jenny. Verwirrt drehte ich mich um und stieß fast mit der Frau zusammen, die einen Schritt hinter mir stand. Ich brauchte nur in ihre Augen zu sehen, um zu wissen, dass es Jenny war. Ihr Blick verriet mir, dass auch sie mich erkannt hatte …

Sofort nach unserem Wiedersehen hatten wir die Ausstellung verlassen und uns in der Nähe in ein kleines Café zurückgezogen.

Schon nach wenigen Minuten begann das anfängliche Gefühl der Fremdheit und Unsicherheit zu verblassen, und bald redeten wir so vertraut miteinander, als ob wir uns nur ein paar Tage nicht gesehen hätten.

Sicher, Jenny hatte sich äußerlich verändert, genau wie ich. Die Spuren des Alters waren in ihrem Gesicht nicht zu übersehen. Mir war das egal, und nachdem wir uns über zwei Stunden unterhalten hatten, fiel mir das nicht mehr auf. Das, was ich einmal geliebt hatte, ihre warmen Augen, ihr Lächeln, ihre Gesten, ihre jugendliche Ausstrahlung, war alles – trotz der Haft in Hoheneck – noch da.

Über die Zeit im Gefängnis wollte Jenny nicht sprechen, und ich verstand das.

Ich erfuhr, dass sie nach ihrer Entlassung nach München gezogen sei und einen Arzt geheiratet habe, der sich schon bald als eifersüchtiger Choleriker und Egomane entpuppte.

„Warum hast du dich nicht scheiden lassen?", wollte ich wissen.

„Ich hatte eine Tochter bekommen, sie heißt Mia. Ich wollte es ihr ersparen, als Scheidungskind aufzuwachsen. Als Mia fünfzehn war, habe ich mich von meinem Mann getrennt."

„Dann war es tatsächlich deine Tochter, die ich vor einigen Jahren für einen kurzen Moment gesehen habe, Jenny. Ich dachte, ich würde träumen. Sie sah genauso aus wie du mit achtzehn. Wunderschön."

„Danke für das Kompliment. Manchmal hält man mich für ihre große Schwester. Ich bin stolz auf meine Kleine. Sie studiert hier in Berlin Kunstgeschichte."

„Wohnst du noch in München?"

„Ja, ich arbeite an einer Schule als Kunsterzieherin und bin nur wegen der Ausstellung hier. Und natürlich wegen Mia."

Ich wollte noch wissen, warum sie nach der Entlassung aus der Haft nicht in Berlin geblieben sei.

„Ich dachte, in München wäre ich vor der Stasi sicherer als in Berlin. Wenn dich die Staatssicherheit mal in den Fängen hatte, wirst du die Angst vor ihr nie wieder los. Man sagte mir, als Gegenleistung für meine Ausreise müsse ich für die Stasi im Westen arbeiten. Sonst würde man den Behörden mitteilen, dass ich IM gewesen sei."

„Hatte sich jemand von der Stasi bei dir gemeldet?"

„Nein. Durch meine Heirat hatte ich einen neuen Familiennamen. Eigentlich war das auch der Hauptgrund für meine Heirat; ich wollte nicht gefunden werden.

Gott sei Dank war ich wohl für die Stasi uninteressant geworden, sonst hätte man mich sicher in München aufgespürt."

„Kannst du dir vorstellen, wer unseren Fluchtplan verraten hatte?", fragte ich.

„Nein. Ich dachte, das wäre Zufall gewesen."

„Es war deine Freundin Nora."

Jenny sah mich entgeistert an.

„Was? Nora? Ich war so sicher, ihr vertrauen zu können."

Sie musste eine kurze Pause machen, bevor sie weiterreden konnte. „Wieso hatte man dich nicht verhaftet, Jens?"

„Die Stasi hatte mich für eine besondere Aufgabe im Westen vorgesehen."

Ich berichtete, was in den vergangenen Jahren passiert war, verschwieg aber, wie verzweifelt ich versucht hatte, sie zu finden. Sie sollte sich nicht von mir unter Druck gesetzt fühlen. Natürlich wäre ich glücklich, wenn ich mit Jenny endlich zusammenleben könnte. Darauf hatte ich ja ein halbes Leben gehofft. Aber ich wusste ja nicht, was sie für mich noch empfand. Sie direkt danach zu fragen, fehlte mir der Mut. Ich versuchte es indirekt:

„Jenny, du hattest mir geschrieben, mich nie wieder sehen zu wollen. War das …"

Mit ihrem Zeigefinger verschloss sie meine Lippen und hinderte mich am Weitersprechen.

„Ich konnte von dir nicht verlangen, sieben Jahre auf mich zu warten. Doch es ist in dieser Zeit kaum ein Tag vergangen, an dem ich nicht an dich gedacht habe. Und ich glaube, ich liebe dich immer noch."

Noch im gleichen Jahr heirateten wir. Jenny zog zu mir nach Berlin und arbeitete freiberuflich als Kinderbuchillustratorin. Nach meiner Pensionierung schauten wir uns auf einigen Reisen die Welt an, dann verbrachten wir den Spätsommer bis zum Frühjahr oft auf Sardinien. Ein renovierungsbedürftiges Bäckereigebäude am Rand der Altstadt von Iglesias mit einem wunderschönen verwilderten Garten hatte es uns angetan. Ein paar Mal kam uns Mia dort besuchen.

Im März 2020 musste ich wegen einer Wohnungsangelegenheit von Sardinien nach Berlin fliegen. Jenny blieb auf der Insel, in ein paar Tagen wollte ich wieder zurück sein. Bereits auf dem Flug ging es mir nicht besonders gut; mich hatte das verdammte Corona-Virus erwischt.

Im Krankenhaus verschlimmerte sich mein Zustand rapide, und ich wurde auf die Intensivstation verlegt. Ich merkte nur noch, wie ich in einem schwarzen Nebel versank und das Bewusstsein verlor …

Am Bett des Mannes standen neben einem Arzt zwei Frauen, die sich an den Händen hielten. Die jüngere hatte Tränen in den Augen.

Die ältere blickte den Arzt fragend an.

„Was ist mit meinem Mann? Warum liegt er wieder auf der Intensivstation? Er hatte die Infektion doch bereits überstanden."

„Ihr Mann erlitt kurz nachdem wir ihn verlegt hatten, hintereinander zwei Herzinfarkte. Wir mussten eine Not-OP einleiten."

„Wird er durchkommen?" Diese Frage hatte sie dem Doktor schon einmal stellen müssen.

„Ich weiß es nicht. Wir werden alles versuchen. Er muss schon seit langem an einer Herzinsuffizienz gelitten haben, wahrscheinlich, ohne es zu bemerken."

Die beiden Frauen umarmten sich und verließen leise das Zimmer.

xxxxxxxxxxxxxx

Ich überlebte; im Spätsommer war ich wieder auf den Beinen. Jenny und ich kehrten in unser Haus auf Sardinien zurück und machten es winterfest. Solange es uns vergönnt sein würde, wollten wir hier auf der Insel bleiben.

Wie fast jeden Abend saßen wir bei einem Glas Wein auf der Terrasse und genossen die milde Wärme der tiefstehenden Sonne.

„Denkst du manchmal an die vielen Jahre, die uns gestohlen worden sind, Jenny?"

„Natürlich. Aber dann denke ich sofort daran, wie gut es uns jetzt geht. Und dann bin ich froh und dankbar."

Schweigend betrachteten wir den Abendhimmel. Die Sonne verschwand hinter den Hügeln und es wurde Nacht. Über uns leuchteten zum Greifen nah unzählige Sterne.

Jenny hat recht, dachte ich. Das Leben passiert im Heute. Das, was gestern war, sind Erinnerungen, verweht und vorbei. Und was morgen sein wird, können wir nur vermuten. Sicher, die Hoffnung gibt uns Kraft und Zuversicht. Doch nur der Augenblick zählt wirklich. In ihm das Gute zu spüren, das ist wahre Lebenskunst.

Aber jetzt wollte ich nicht länger nachdenken. Ich ergriff Jennys Hand und war einfach nur glücklich.

ANMERKUNGEN

Betr.: Operation Lazarus

Wie gefährlich sind halluzinogene Pilze?

Die meisten psilocybinhaltigen Pilze finden sich in der Gattung der sog. Kahlköpfe. Besonders verbreitet in Mitteleuropa ist der wegen seiner Form so genannte Spitzkegelige Kahlkopf, der häufig auf natürlich gedüngten Weiden wächst. Psilocybinhaltige Pilze werden auch als Zauberpilze, Magic Mushrooms oder halluzinogene Pilze bezeichnet, weil sie psychedelisch wirkende Substanzen enthalten. Grundsätzlich besteht beim Konsum die Gefahr der Aktivierung einer latent vorhandenen Psychose und das Eintreten von Angststörungen und Panikattacken. Aus der veränderten Wahrnehmung der Umwelt können während der Wirkung für den Konsumenten und das Umfeld Risiken entstehen, beispielsweise die falsche Einschätzung von Gefahren beim Überqueren stärker befahrener Straßen oder beim Lenken eines Fahrzeugs.

Akute Verwirrungs-, Angst- und Panikzustände sind insbesondere bei schlechten Ausgangsfaktoren, wie beispielsweise einem bedrohlichen Umfeld, psychischen Problemen, fehlendem Wissen oder hohen Dosierungen, wahrscheinlich. Darüber hinaus besteht die Gefahr, halluzinogene Pilze mit Giftpilzen zu verwechseln. Nach dem Betäubungsmittelgesetz sind seit 2006 Handel und Umgang mit Psilocybinpilzen in Deutschland strafbar.

Mehrere klinische Studien, u.a. von der Charité Berlin und der Johns-Hopkins-Universität in Baltimore, sollen klären, ob Psilocybin zur Behandlung therapieresistenter Depressionen geeignet sein könnte. Die bisherigen Testergebnisse klingen vielversprechend, erlauben allerdings noch keine abschließende Beurteilung.

Quellen: Wikipedia (Psilocybinhaltige Pilze, 2020), Tagesspiegel v. 30. 11. 2020

Betr.: Der Samoaner

Die Erste Deutsche Kolonialausstellung in Berlin

Die große *Berliner Gewerbeausstellung* vom 1. Mai bis zum 15. Oktober 1896 im Treptower Park war, wie es heute heißen würde, ein Mega-Event. Neben modernen technischen Errungenschaften und attraktiven Exponaten lockten ein Vergnügungspark, Nachbauten historischer Stadtkerne und Landschaftspanoramen die Berliner und ihre Gäste an. Mit zur Gewerbeausstellung gehörte die *Erste Deutsche Kolonialausstellung*.

Auf einem abgeteilten Areal an den Ufern des heute noch vorhandenen Karpfenteichs sollte mit dem Nachbau afrikanischer und südpazifischer Dörfer und über hundert „Eingeborenen“ ein authentischer Eindruck von der Lebensweise in exotischen Ländern vermittelt werden. Gleichzeitig galt es, die Bevölkerung vom vermeintlichen Segen der Kolonialisierung zu überzeugen.

Trotz aller Show-Elemente erhoben die Initiatoren, anders als bei den bizarren „Völkerschauen“ auf Volksfesten oder in Zoologischen Gärten, dabei den Anspruch der Wissenschaftlichkeit.

Im September und Oktober 1896 traten die meisten der 106 Afrikaner und Südseeinsulaner ihre Heimreise an. Etwa zwanzig von ihnen blieben in Deutschland, um z.B. eine Schulausbildung oder Handwerkslehre zu beginnen.

Einwohner von Samoa nahmen an der Kolonialausstellung nicht teil. Samoa wurde erst 1900 vom deutschen Kaiserreich zum Schutzgebiet erklärt.

Quelle: Horst Kleinert: Mit der Tram in die Kolonien des Kaisers. Die Gewerbe- und Kolonialausstellung von 1896 in Berlin. Thurm-Verlag, Lüneburg 2019.

Betr.: Zwischen zwei Welten

Passierscheinabkommen zwischen Berlin (W) und der DDR

Erst 28 Monate nach dem Mauerbau am 13. August 1961 erhielten West-Berliner zum Jahreswechsel 1963/64 die Möglichkeit, wieder ihre Verwandten in Ost-Berlin zu besuchen (1. Passierscheinabkommen).

Das 2. Passierscheinabkommen erlaubte den West-Berlinern Verwandtenbesuche von Oktober bis November 1964, über den Jahreswechsel 1064/65 sowie über Ostern und Pfingsten 1965.

Nach dem 3. und 4. Passierscheinabkommen war es gestattet, Ost-Berliner Verwandte zum Jahreswechsel 1965/66 sowie zu Ostern und Pfingsten 1966 zu besuchen.

Danach scheiterten die Verhandlungen. Sechs Jahre, vom 5. Juni 1966 bis zum 3. Juni 1972, waren

Verwandtenbesuche nur noch in dringenden Härtefällen möglich. Erst danach, mit dem Viermächteabkommen über Berlin, war West-Berlinern mit Hilfe eines „Berechtigungsschein zum Empfang eines Visums der DDR“ jederzeit der Besuch von Ost-Berlin und der DDR gestattet.

Horst Kleinert

www.horst-kleinert.de

Bitte beachten Sie auch die folgenden Buchhinweise des Thurm-Verlags

www.thurm-verlag.de

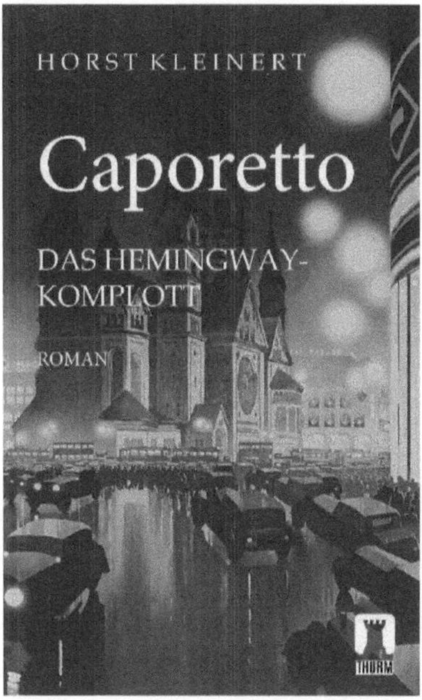

In der explosiven Situation der untergehenden Weimarer Republik besucht der junge Autor Ernest Hemingway Berlin – und gerät ins Visier eines politischen Geheimbundes. Als der Reporter Frank Hartung den Verschwörern auf die Spur kommt, wird er selbst zur Zielscheibe. Eine dramatische Flucht, die ihn über Paris bis nach Miami führt, nimmt ihren Anfang.

Broschur, 205 Seiten,
ISBN 978-3-945216-32-3 (€ 12,80).
E-Book 978-3-945216-31-6 (€ 8,90)

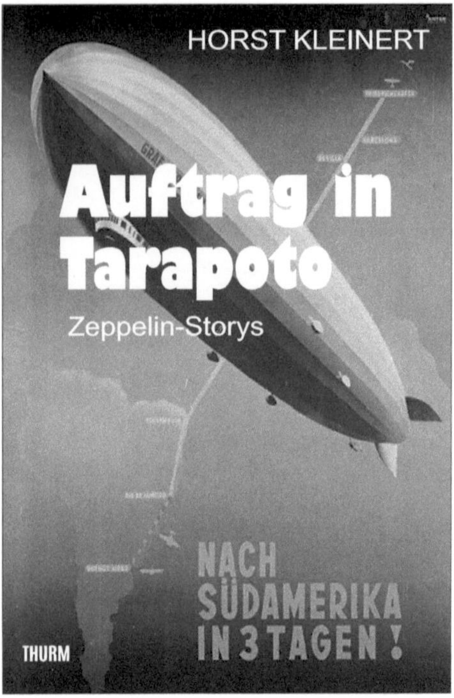

- *Ein junger Archäologe trifft 1934 im südamerikanischen Regenwald auf die Schatten seiner Vergangenheit.*
- *Unerklärliche Vorfälle gefährden den Luftschiffverkehr. Wer steckt dahinter?*
- *Eine faszinierende Luftschiffreise um die Welt im Jahr 2035. Reisen Sie mit!*
- *2048 umkreist ein Zeppelin der NASA die Venus. Entscheidet sich hier das Schicksal der Menschheit?*

Broschur, 185 Seiten,

ISBN 978-3-945216-43-9 (€ 9,90)
E-Book 978-3-945216-44-6 (3,99 €)

„Kleinerts Buch macht regelrecht süchtig nach den gigantischen Luxuslinern am Himmel“ (Horst Schwartz, „Schwar(t)z auf weiß - Texte übers Reisen“)

„Eine kenntnisreich geschriebene Geschichte der Luftschifffahrt und ein spannender Ausblick auf ihre mögliche Zukunft“ (Dr. Kristiane Klemm, Förderkreis Historisches Archiv zum Tourismus)

Klappenbroschur, 164 Seiten, 48 Abbildungen,
Preis: (D) 14,90 €. ISBN 978-3-945216-20-0